读懂投资 先知未来

大咖智慧
THE GREAT WISDOM IN TRADING

成长陪跑
THE PERMANENT SUPPORTS FROM US

复合增长
COMPOUND GROWTH IN WEALTH

舵手证券图书
www.Duoshou108.com

同花顺

技术分析
实战精要

刘 瑜　阮安甫 / 主编

山西出版传媒集团　山西人民出版社

图书在版编目（CIP）数据

同花顺技术分析实战精要 / 刘瑜，阮安甫主编 .
太原：山西人民出版社，2025.1（2025.10 重印）. —（同花顺
炒股实战精要丛书）. — ISBN 978-7-203-13686-6

Ⅰ. F830.91-39

中国国家版本馆 CIP 数据核字第 20252E2J75 号

同花顺技术分析实战精要

主　　编：刘　瑜　阮安甫
责任编辑：徐　琼
复　　审：高　雷
终　　审：梁晋华
装帧设计：卜翠红

出 版 者：山西出版传媒集团·山西人民出版社
地　　址：太原市建设南路 21 号
邮　　编：030012
发行营销：0351-4922220　4955996　4956039　4922127（传真）
天猫官网：https://sxrmcbs.tmall.com　电话：0351-4922159
E - m a i l：sxskcb@163.com　发行部
　　　　　　sxskcb@126.com　总编室
网　　址：www.sxskcb.com

经 销 者：山西出版传媒集团·山西人民出版社
承 印 厂：廊坊市祥丰印刷有限公司

开　　本：710mm×1000mm　1/16
印　　张：14.5
字　　数：210 千字
版　　次：2025 年 1 月　第 1 版
印　　次：2025 年 10 月　第 3 次印刷
书　　号：ISBN 978-7-203-13686-6
定　　价：88.00 元

如有印装质量问题请与本社联系调换

同花顺与舵手证券图书服务平台

同花顺成立于1995年，是国内领先的互联网金融信息服务提供商，作为国内第一家互联网金融信息服务业上市公司，同花顺致力于技术创新，实践"让投资变得更简单"的理念，为各类机构客户和个人投资者提供全方位的金融投资服务。

舵手证券图书成立于1994年，始终秉承"一流交易者创一流作品"的理念，从全球十余家权威出版机构引进版权与好书，与国内外交易大师、一线交易者建立了合作关系，持续出版了全球投资大师和职业操盘手的各类著作，至今已累计出版1000余部优秀证券图书。

经典投资书籍是投资者的福音，能极大提升交易者的技术水平和交易能力。打造交易者学习平台，是同花顺、舵手证券图书的共同使命。欢迎加入我们的行列，让我们携手共进，在投资的征途中，以知识为舟，以智慧为帆，共同驶向成功的彼岸！

微信扫一扫
敬请添加同花顺陪伴官小顺

丛书总序

在瞬息万变的股市中，每一位投资者都渴望找到一把打开财富之门的钥匙。然而，市场的波动性与不确定性使得许多投资者在寻求稳健收益的过程中遭遇了挑战，新手投资者由于缺乏系统学习和实战演练，更是导致其在股市中屡屡受挫。

有鉴于此，为了回馈广大用户的信任，帮助广大投资者更好地理解市场动态与规律、掌握有效的投资策略与实操技术，国内领先的金融信息服务平台同花顺，联合投资领域知名品牌舵手证券图书，精心策划并推出本套"同花顺炒股实战精要丛书"，旨在通过深入浅出的讲解方式和案例分析，在帮助广大投资者掌握同花顺炒股软件精髓的同时，系统化地提升炒股实战技能，从而在股市中稳健前行。

本丛书由多位资深分析师及实战派专家精心编写创作而成，丛书通过理论结合实践的方式，为读者提供了一套全面而系统的投资指南。丛书不仅包含了当前热门话题和技术趋势的深入探讨，还特别注重实操层面的经验分享。本丛书首期出版的几册图书，各有侧重，专门讲透一个主题；丛书之一《同花顺量价分析实战精要》，读者可以了解价格与成交量之间的微妙联系及其对股价走势的影响；丛书之二《同花顺盘口技法实战精要》，揭示了开盘与收盘时刻的关键策略；丛书之三《同花顺技术分析实战精要》，探索 K 线图形背后隐藏的信息和密码；丛书之四《同花顺分时技法实战精要》，读者可以学到如何捕捉盘面分时的精准买卖点。每册书都凝聚着作者们多年来的智慧结晶与实战经验。

在未来，"同花顺炒股实战精要丛书"也将持续更新和扩展新品种，推出更多关于股市投资实战技巧的图书，继续帮助投资者快速掌握股市实战技法，提升市场分析能力和决策能力。

我们相信，通过这一系列图书的持续推出和学习，每一位投资者都能够在股市中不断提升自己的投资水平和实战能力，最终实现财富增值的目的。

我们也希望，"同花顺炒股实战精要丛书"能够成为每一位股市投资者的实战宝典，陪伴大家在股市投资的道路上不断前行，早日实现财富自由！

"同花顺炒股实战精要丛书"编委会

2024 年 10 月 18 日

前　言

　　投资市场是复杂的，投资本身也是一件很复杂的事。不少投资者整天忙忙碌碌地分析、研究和操作，投入大量精力，却依然难以应对市场中庞杂的信息。复杂容易使人迷失，面对复杂的投资市场，我们可以拿起奥卡姆剃刀，化繁为简，把复杂的事情简单化，以便于理解和操作。

　　奥卡姆剃刀定律，是由 14 世纪逻辑学家奥卡姆（William of Ockham）提出的，他说"如无必要，勿增实体"，即"简单有效原理"。也就是说，如果你有两个原理，它们都能解释面对的事实，那么你应该使用简单的那一个，最简单的解释往往比复杂的解释更准确。同样，如果你有两个类似的解决方案，那么你应选择最简单的那个。

　　"同花顺炒股实战精要丛书"就是基于"简单有效原理"而创作的，希望以最简单、最系统、最快速的方式，借助同花顺软件及其特色功能帮助广大投资者少走弯路，端正交易理念，学习交易知识，改善交易绩效，早日迈入投资交易的殿堂。

　　"同花顺炒股实战精要丛书"之《同花顺技术分析实战精要》一书，主体共分为四章，第一章讲解 K 线技术在同花顺软件中的运用，第二章讲解技术指标在同花顺中的运用，第三章讲解如何利用经典技术指标组合来选股，第四章主要讲解同花顺特色技术指标在实战中的运用，附录还有关于本丛书的"专业术语解析"。

　　"真理是简单的，复杂的往往是谬论。"投资交易也不例外，往往越简单的东西越可靠，也越有生命力。

全书以实战操盘为基础，力求结构上简单、功能上有效、操作上可复制。

一、结构上简单

"同花顺炒股实战精要丛书"从底层结构框架上将投资交易划分为四个阶段：交易理念→交易规则→交易决策→交易执行。下面一一阐述。

1. 交易理念相对于具体的技术知识，没有那么光彩夺目，比较抽象，但它却贯穿投资活动的始终，是整个交易的灵魂。在交易理念方面，投资者需要把握三大原则：先生存后发展、先胜率后赔率、先方向后位置（时机），并深刻理解每个章节的技术内涵，才能打下一个扎实的交易基础。交易理念是交易活动的开始，如果有一个正确的开始，我们就将很可能得到一个正确的结束。

2. 交易规则是关于交易得以实现的市场架构、规则和制度等方面的内容，即市场微观结构理论。投资者进行交易，不学习交易规则是不行的。学习交易规则，可以帮助投资者理解证券市场的价格形成与发现机制，从而为技术分析和投资决策提供基础支持。

3. 交易决策是所有投资者都渴望学习并且能快速见到效果的环节，以循序渐进、抽丝剥茧的方式，对技术分析进行具体阐述和讲解。其中，"量、价、时"是交易的三大元素，"形、趋、盘"是技术分析的核心内容。通过对六大因素的学习，投资者可以掌握盘口细节、分时形态、趋势买卖点、经典K线、均线扭转、经典理论、指标背离、多空临界状态等知识要点，在识别和度量风险程度的基础上，按照自身的风险承担能力，做出合适的交易决策。

4. 交易执行是交易决策的下一阶段，强调的是交易策略、交易指令的执行力，主要包括资金管理和风险控制。通过对技术细节的学习，投资者可以针对每次交易机会分配不同的资金，实现放大利润、减少亏损。

二、功能上有效

一个理论、方法或者系统，要实现有效，一方面要在原理上保持正确，另一方面要在实践上能被检验。本丛书会帮助投资者从原理上深刻理解书中的理论和方法，不仅会告诉你当下市场在"做什么"，面对未来应该"怎么办"，还会从不同的角度去阐述背后的原因，让你知道"为什么"。

"知其然还得知其所以然"，当你从原理上深刻理解了书中的理论、方法和系统，自然可以明白它的正确性，继而用于指导交易实践，并检验它的有效性。

三、使用上可复制

一个理论、方法或者系统，如果只能被小范围使用，那么其效果是要大打折扣的。本书想要追求的是：书中的理论和方法能够被大范围使用，使用的人越多越有效。首先，"简单"降低了学习的难度，大多数人都可以快速地学习、理解和掌握。其次，书中的理论和方法，来源于市场自身的内在规律，是共性的、本质的、广泛的，保证了在市场范围内长期有效。比如：市场的惯性规律特征。在物理学中，物体的质量越大，惯性就越大；质量越小，惯性就越小。在市场中也一样，参与投资交易的人越多，方法越趋同，规模效应就会出现，惯性特征就会越明显。当基于惯性规律的理论、方法被更多人理解和使用时，就会增强市场自身的惯性。惯性越大，反过来又会促进理论、方法的有效性，从而形成正反馈，不断自我强化、自我实现。

四、本书适用对象

不管你是初入市场、渴望学习的投资者，还是遭遇挫折、亟须改善的交易者，或者是已经盈利、希望更上一层楼的交易员，只要你对交易有浓厚的兴趣，并且愿意投入精力去学习、研究和探索，本书都会给你有益的帮助。

"同花顺炒股实战精要丛书"就像一份路线导图，一方面体现了系统性思维，可以帮你建立起关于交易的整个框架体系，俯瞰交易全局，绕开交易陷阱，从而把精力投入正确的环节当中，快速打通交易的"任督"二脉；另一方面体现了阶段性思维，让你一步一个脚印看见自己的进步，持之以恒，攀登到顶峰。

当你阅读和学习完本丛书后，相信你会拥有一套全新的交易思维，对金融市场的内在规律有较深的认识，由此重新回到市场中，看到的应该不再是简单的数字变化，而是数字跳动背后的诸多秘密；听到的不再是市场中的各种流行说法，而是自己内心的独立判断；做到的不再是随意跟风买卖，而是看淡红涨绿跌，制定出有效的交易策略或措施，从容应对。

本书编委会

自 序

我们自进入金融市场最开始使用的就是技术分析,对价值投资只是稍有涉猎,直到现在也是以技术分析为主,对技术方面略为精通,这几句股谚"历史会重演""天下没有新鲜事""价格包含一切",说的都是技术分析。这里大致谈一下对技术分析的一点点感悟,与读者朋友们分享。

技术分析泛指对价格、量能、形态、经典理论以及它们衍生出的技术指标的具体分析方法。技术分析是整个交易体系里的一部分,它提供进出场买卖点的一些信息,是市场分析的基础环节。在交易体系中的其他环节,比如资金管理、风险控制等都是建立在进出场环节之上的,也是投资大众最为关注的部分。

投资界分析流派总体分为三类:价值投资(包括成长面分析、宏观面分析、基本面分析),行为分析(包括正向思维、逆向思维、心理分析等)和技术分析。行为分析不仅是投资的行为分析,还包括投资者的各种心理分析,仅仅投资行为分析就包含了正向、逆向等各种行为分析,其涉及面太广,不在本书中讨论。本书会重点阐述技术分析。

价值投资是 1934 年由价投鼻祖美国人本杰明·格雷厄姆在《证券分析》一书中正式提出并首次公开的,经传承发展,成为今天的主流方法。当今世界使用价值投资的代表人物是股神沃伦·巴菲特。

技术分析的历史要早于价值投资 100 多年,正式提出于 1760 年日本人本间宗久的著作《本间宗久翁密录》,也就是后来衍生出的世人熟知的"酒田战法",1980 年由美国人史蒂夫·尼森通过其著作《日本蜡烛图技术》推广至全世界。

谈到技术分析就不得不说一下西方的"道氏理论"，它是一切技术分析的基石。1882 年美国人查尔斯·道和爱德华·琼斯创立了道琼斯公司，随后建立了我们每天都可听到、看到的道琼斯指数。1903 年道氏去世一年后，由美国人 S.A. 纳尔逊将道琼斯发表的一些文章归纳在《股市投机常识》一书中，并首次提出了"道氏理论"一词。1922 年，威廉·彼得·汉密尔顿对道氏理论进行总结分类，创作了《股市晴雨表》。1932 年由罗伯特·雷亚进一步发展并正式出版了《道氏理论》一书并流传至今。

股票市场上的分析方法有千百种，但无论什么方法，都属于行为分析、价值投资和技术分析的范围，且各有其优势和劣势。任何分析方法都只是获取财富的工具或者手段，有人靠它致富，有人却血本无归，任何方法都不是完美的，只有适用与取舍。如果适合某一阶段的自己，在自己认知范围内好用，就是好方法、好工具，而不适用的你不用就好了，工具本身是没问题的。所以，要通过学习不断地提高认知，找到适合自己的最佳工具组合。人生就是不断提高认知的过程，交易也是如此。

我们知道，股票交易的难点在于品种的选择和时机的把握，价值投资的优势就在于选股，技术分析的优势在于择时，将二者综合起来，并辅以行为分析，就是很好的选择。

我们已经从事证券交易行业 20 年，从一个无知小散户到私募机构操盘手，再到现在的全职交易者（全市场操作，包含 A 股、外盘、期货、期权、外汇），一路坎坷，历尽艰辛，所用的全部为技术分析，通过技术来衡量市场，进行严格的量化交易，只有技术分析才可做到完全的量化。"巴菲特派"能做到长赢稳赢是因为价值投资做的是确定性，价格必定向价值回归，无非是回归的时间长短和回归的幅度大小而已。技术分析初级阶段做的是概率性，通过各种 K 线组合、经典形态、技术指标、市场理论等分析出价格上涨或下跌的概率有多大。到了技术分析的高级阶段是做确定性，其实质就是做交易的哲学观，具体分析就是人性，也就是确定性，确定价格不会一直波澜不惊，最终会因为某些事件催化而向着某一个方向波动，波动后再归于平静，如此反复而已。我们无须时时刻刻去猜测市场，因为未来是无法精确预测的，有时猜对了只是运气不是能力，我们只需做一个市场的跟随者即可稳定盈利。

当然，跟随市场靠的不是某一个技术或指标，而是一个严谨完整的交易体系，包含了进出场法则、资金管理法则、风险控制法则和心态管理法则。严格来说，交易做的是市场分析，它不仅包含了技术分析，还有对市场的本质、交易的本质、人性的本质的深层认知。价格或形态其实就是所有参与者情绪的共同表现，比如说价格波动的背后，长期来说看的是价值，短期来说看的是参与者的情绪，人性的贪婪和恐惧不停地引起价格的波动，不管是利空降温还是利多提振，牛市涨过头和熊市跌过头都要翻转，物极必反。历史是最好的老师，我们回看历史，哪一次的牛顶和熊底不是如此？人性使然，古今中外概莫能外。技术分析从初级阶段到高级阶段就是从不断地做加法再到不断地做减法的过程，最后做到"减无可减，又简无可简"，大浪淘沙始剩金的时候，那么恭喜您了，您的交易体系已经形成，您已经入了投机之门，可以扬帆进入股海了。

技术分析有效的根基就是历史会重演，历史会重演的根基就是人性的亘古不变。人类的贪婪恐惧百年前有，现在也有，将来同样会有，如果哪一天人类没有了贪婪和恐惧，那么包含技术分析在内的所有分析都会失效。本系列图书主要讲的是技术分析初级阶段必须掌握的一些知识，本着历史是最好的老师，效仿世界经典图书中使用历史图表的惯例，书中的案例除了一些同花顺软件特殊功能和新开发功能之外，保留了一些历史经典图表和过往案例（有些公司可能不存在了），我们看的是图表形态中的本质与相互关系，这些形态每天都在重复上演。所以，本书是基于人性，过去出现的现在和将来也会出现，这些历史图表经过了市场和时间的检验，大家可以在当下的市场中去检验和使用它们。

另外，读者想快速提高实战能力，就需要不断总结出价格波动规律和技术分析与复盘的技巧。本着"看图万篇，其意自现"的原则，我们只复盘K线图，而不要在意股票的名称、市场和时间等信息，不要"先入为主"，只要是规律性的东西就没有时间、地域和市场的区分，它们有一致性、普适性。比如，道氏理论之所以是经典，就是因为它揭示了价格波动的普适性规律，难道它只在几十年前有效，现在无效吗？它只在美国有效，其他市场无效吗？它只在股市有效，在期货、黄金上无效吗？成功交易就是"简单规律、普遍适应"方法的反复使用，在做的过程中不断提炼总结出更加"简单普适"的体系，如此反复直到完美（虽说不可能完美，但一直走在通向完美的路上）。

本书作者

目 录
CONTENTS

微信扫码添加同花顺陪伴官小顺
获取更多图书增值服务

第一章

K 线技术在同花顺中的运用

第一节　同花顺特色技术指标解读

一、同花顺特色技术指标分类

同花顺软件提供了较多的特色分析指标，帮助投资者更全面地分析和预测市场走势。其特色指标大致分为三类。

第一类：趋势指标：比如"神雕猎狐"指标、"领航布林线"指标等。

第二类：资金量能指标：比如"个股竞价 AI"指标、"多周期量能"指标、"猎狐探针"指标、"猎狐雷达"指标、"四季猎狐（主力量能）"指标、"猎鹰歼狐"指标等。

第三类：波段指标：比如"猎狐先觉"指标、"神雕猎狐"指标、"波段炒作"指标、"猎鹰渡关"指标、"波段之星"指标、"财运亨通"指标、"短线高手"指标等。

二、如何快速调用同花顺特色指标

对于刚开始使用同花顺软件的读者来说，很多特色指标都是同花顺独有的，

都有其独特代码，为便于广大读者能快速上手，在实战中能便捷使用，我们将两种快速调取特色指标的方法讲解如下：

第一种，直接在同花顺软件 K 线图界面中敲击特色指标的代码，然后点击确定，即可出现该指标的图形。下面列出常用特色指标代码，读者可自行使用：

"神雕猎狐"指标的代码：SDLH

"短线高手"指标的代码：DXGS

"智能飓风中线"指标的代码：JFZX

"波段之星"指标的代码：BDZX

"财运亨通"指标的代码：CYHT

"四季猎狐（主力能量）"指标的代码：SJLH

"猎狐雷达（发现主力成本区）"指标的代码：LHTD

"猎狐探针（洞悉主力持仓量）"指标的代码：LHTZ

图 1-1　从"设置"键查看特色指标

"波段炒作"指标的代码：BDCZ

"猎狐先觉"指标的代码：LHXJ

"领航布林线"指标的代码：LHBLX

第二种，在同花顺软件的K线图界面左下角点击"设置"键，将以上这些特色指标设置为常用指标，即可使用。如图1-1、图1-2所示：

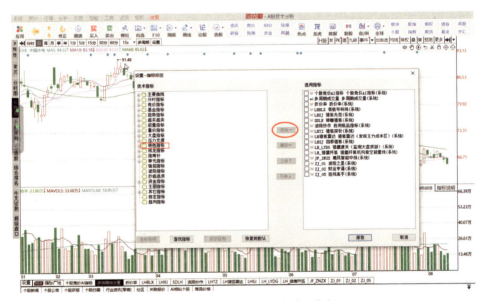

图1-2　将特色指标设置为常用指标

三、同花顺特色技术指标解读

同花顺特色技术指标的分类和快速调取方法在上面已讲解，下面就将其特色指标的构成、定义与原理做个常规解读。

1. "短线高手"指标（ZJ_05）

同花顺特色指标"短线高手"，是一个专门用于短线交易分析的特色技术指标。其指标的构成、定义与原理如下：

它通常由以下两个部分组成：多方能量和空方能量。

这两部分分别表示市场中买方和卖方的力量对比。多方能量通常以青蓝线条表示，而空方能量则以黑色线条表示。当多方能量上翘而空方能量下勾时，可能预示着买入时机；反之，则可能预示着卖出时机。

SK 线、SD 线及"强弱分界"线：

SK 线代表快速线，SD 线代表慢速线。当 SK 线上穿 SD 线时，可能形成买入信号；当 SK 线下穿 SD 线时，可能形成卖出信号。"强弱分界"绿线则用于区分市场的强弱状态，当指标线位于分界线上方时，可能表示市场处于强势状态；反之，则可能表示市场处于弱势状态。

"短线高手"指标旨在通过分析市场的短期波动和交易活跃度，为投资者提供短线交易的参考依据。它结合了多种技术指标方法，包括价格、成交量、动能等因素，通过特定的算法和模型，生成一个能够反映市场短期趋势和交易机会的指标。

该指标如图 1-3 所示：

图 1-3　"短线高手"指标

2."财运亨通"指标（ZJ_02）

同花顺"财运亨通"特色指标，是一个超买超卖动能的指标，主要用于帮助投资者更好地把握市场的多空动能和势能转换情况。其指标的构成、其定义与原理如下：

该指标主要由以下两个部分组成：第一部分是核心指标 SK 线、SD 线。

这两条线是指标的主要组成部分，代表市场中的多空力量对比。SK 线通常表示做多线，SD 线表示做空线。当 SK 线向上穿越 SD 线时，预示着多方力量增强，市场将可能出现上涨趋势；反之，当 SK 线向下穿越 SD 线时，可能预示着空方力量增强，市场可能将出现下跌趋势。

第二部分是 80 高抛线（卖出）和 20 低吸线（买进）：

这两条线是指标中的辅助线，用于帮助投资者判断市场的超买超卖状态。当指标线达到或接近 80 高抛线时，可能表示市场处于超买状态，投资者应谨慎追高；当指标线达到或接近 20 低吸线时，可能表示市场处于超卖状态，投资者可以关注买入机会。

"买进""卖出"提示线：

这两条线是指标中的买卖信号线。当两条指标线从下方上穿 20"买进"线时，可能形成买入信号；当两条指标线从上方下穿 80"卖出"线时，可能形成卖出信号。

由于"财运亨通"指标是一种波段型指标，主要反映多空博弈游戏中多空动能、势能交替转换的强弱状态。通过该指标，投资者可以观察到市场中多方和空方力量的对比，以及它们之间的转换情况，从而辅助判断市场的短期趋势和交易机会。

该指标如图 1-4 所示：

图 1-4 "财运亨通"指标

3. "波段之星"指标（ZJ_01）

同花顺"波段之星"特色指标是一个专门用于分析股票市场中短期波动情况的技术指标。其构成、定义与原理如下：

"波段之星"指标由"AK""AD""AJ"三条线构成，整幅图形与传统指标"KDJ"相似，但形态更鲜明，买卖指示更准确。

"波段之星"指标是一种超买超卖型指标，同时兼具趋势类指标功能，主要反映多空博弈游戏中多空动能、势能交替转换的基本状态。

它基于价格的波动性和趋势的变化来确定买入和卖出的时机，是短线波段炒作的有力工具。

该指标如图 1-5 所示：

图 1-5　"波段之星"指标

4."智能飓风中线"指标（JF_ZNZX）

同花顺"智能飓风中线"特色指标是一个趋势型技术指标工具，主要用于辅助分析股票走势的中期趋势变化，并帮助投资者制定相应的投资策略。该指标的构成及其原理如下：

首先，计算量能，如果当日上涨，则其成交量设定为正量，如果当日下跌，则其成交量设定为负量。

其次，将以上计算好的成交量累计起来，参数可以设定为 30 日。再次，将 30 日累计的正量除以 30 日的总成交量，得到的数值即为"多头力量"曲线。

最后，将 30 日累计的负量除以 30 日的总成交量，得到的数值即为"空头力量"曲线。

智能飓风中线指标是在 0—100 区间内震荡，将多头力量和空头力量对比，直观的反映出多空双方谁更占优，不仅具有强弱对比功能，还具有超买超卖提示功能，是将趋势和震荡相结合的研判指标。

该指标如图 1-6 所示：

图 1-6　"智能飓风中线"指标

5. "猎鹰歼狐"指标（LH_ 猎鹰歼狐）

同花顺"猎鹰歼狐"特色指标是量能型技术指标，主要用于分析股票市场中机构做多 / 做空力量的强弱程度。该指标的构成、定义与原理如下：

"猎鹰歼狐"指标，又称机构做多 / 做空能量线，通过计算和分析股票市场中机构做多 / 做空力量的相关数据，揭示出做多 / 做空力量的强弱程度。这一指标有助于投资者判断市场的下行趋势，并寻找多头 / 空头机会。

该指标通常由两条线（青蓝线和紫线）组成，紫线表示机构做空能量的强度，青蓝线表示机构做多的能量强度，当紫线位于高位时，表示做空能量较强；反之，位于低位时则表示做空能量较弱。当青蓝线位于高位，表示机构做多能量较强，反之，位于低位则表示做多能量较弱。

该指标如图 1-7 所示：

图 1-7　"猎鹰歼狐"指标

6. "四季猎狐"指标（LHSJ）

同花顺"四季猎狐（主力能量）"特色指标是一个专为关注个股波段行情的投资者设计的技术指标。它主要用于揭示和跟踪主力资金在个股中的活动情况，从而帮助投资者把握市场中的买入和卖出机会。该指标的构成、定义与原理如下：

该指标包括一条或多条曲线（可调整参数来确定），用于表示主力能量的强弱和变化趋势。

"四季猎狐"（主力能量）指标通过计算和分析个股的成交量、价格以及其他相关因素，来评估主力资金在个股中的流入和流出情况。它旨在揭示主力资金的活动轨迹和强度，从而为投资者提供决策依据。

投资者可以通过观察四季猎狐（主力能量）指标的走势，来判断主力资金在个股中的活动情况。当指标曲线上升时，可能意味着主力资金正在流入该股票，市场上涨的可能性增加；反之，当指标曲线下降时，可能意味着主力资金

正在流出该股票，市场下跌的风险增加。

投资者还可以结合以上同花顺特色指标和具体的市场情况，来综合分析四季猎狐（主力能量）指标的有效性。例如，当该指标与其他指标如 MACD、波段之星等形成共振时，可能意味着市场趋势更加明显，投资者可以更加有信心地做出决策。

该指标如图 1-8 所示：

图 1-8　"四季猎狐（主力能量）"指标

7."猎狐雷达"指标（LH 猎狐雷达）

同花顺"猎狐雷达"特色指标是一个用于分析股票市场中主力资金成本区的技术指标。它旨在帮助投资者发现主力资金在个股中的持仓成本，从而辅助判断市场的买卖时机和趋势。该指标的构成、定义与原理如下：

"猎狐雷达"（发现主力成本区）通过计算个股的成交量、价格以及其他相关因素，分析主力资金在个股中的买入和卖出行为，从而揭示出主力资金的成本区域。

　　这一指标主要用于发现主力的持仓成本，投资者可以根据这一成本区域来判断主力的意图和市场走势。如果当前价格低于主力成本区，可能意味着主力资金尚未实现盈利，市场存在上涨的潜力；反之，如果当前价格远高于主力成本区，可能意味着主力资金已经实现盈利并有可能随时撤离，市场存在下跌的风险。

　　该指标如图1-9所示：

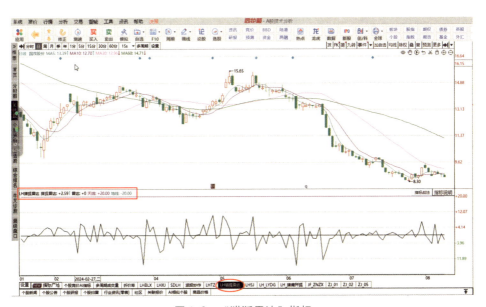

图1-9　"猎狐雷达"指标

8. "猎狐探针"指标（LHTZ）

　　同花顺"猎狐探针"特色指标是一个专门用于分析股票市场中主力资金持仓量的技术指标。它基于特定的算法和模型，通过对股票交易数据的深度挖掘和分析，旨在揭示主力资金在个股中的持仓情况，帮助投资者洞悉主力的持仓动向和意图。猎狐探针指标的构成、定义与原理如下：

"猎狐探针"（洞悉主力持仓量）通过分析个股的成交量、价格变动以及主力资金的交易行为等多个维度，计算出主力资金的持仓量。这个持仓量反映了主力资金在特定时间段内对个股的持有程度和态度，是投资者判断市场走势和个股投资价值的重要依据。

在使用猎狐探针时，投资者需要关注指标图形的变化。当指标图形出现山峰（数值达到特定阈值），并且接触到或超过天线时，这通常意味着在这个成本区之下，筹码大部分都是属于主力的。此时，投资者可以认为主力资金已经深度介入该股票，市场上涨的潜力可能较大。

该指标如图 1-10 所示：

图 1-10　"猎狐探针"指标

9."波段炒作"指标（波段炒作）

同花顺"波段炒作"特色指标是用于分析股票市场中波段行情走势的技术指标。它主要帮助投资者识别个股的波段高低点，以及波段行情的起始和结束阶段，从而指导投资者在波段行情中把握买卖时机。该指标的构成，定义与原理如下：

"波段炒作"指标基于股票市场的波动性和周期性原理，通过计算和分析股票价格在一段时间内的波动幅度、趋势以及与其他技术指标的关系，来揭示个股的波段行情走势。

投资者可以通过观察波段炒作指标的图形表现，来判断个股的波段行情走势。当指标显示股票价格在一段时间内呈现出明显的上升或下降趋势时，这可能意味着波段行情的启动或结束。此时，投资者可以根据指标的信号进行买卖操作。

该指标如图 1-11 所示：

图 1-11　"波段炒作"指标

10."神雕猎狐"指标（SDLH）

同花顺"神雕猎狐"特色指标是一个用于监测主力资金以及散户对个股深

入程度的技术指标，可以看出主力与散户的博弈。该指标的构成、定义与原理如下：

"神雕猎狐"指标由两部分组成：主力资金指数和散户资金指数，还有一个博弈线指标。

主力资金指数：

该指数主要用于监测主力资金对个股的深入程度。当主力资金指数处于低位并向上突破时，可能意味着有主力资金开始介入该股票；若指数上升到高位并拒绝回落，同时股价逆势走强，则可能是主力资金在推动股价上涨。

散户资金指数：

该指数反映散户对个股的深入程度。与主力资金指数相比，散户资金指数的变动可能较为频繁，因为散户的交易行为通常较为随机。

"神雕猎狐"指标如图 1-12 所示，其博弈作用：

这是一个衡量主力与散户对个股深入程度强弱的指标。其值通常设定为

图 1-12　"神雕猎狐"指标

80，当主力资金指数和散户资金指数接近或超过这个值时，可能意味着市场中的某一方（主力或散户）在主导股票的走势。

11."猎狐先觉"指标（LHXJ）

同花顺"猎狐先觉"特色指标是一个专注于分析主力资金动向的技术指标，主要用于揭示主力资金在个股中控盘力量的强度。该指标的构成、定义与原理如下：

"猎狐先觉"指标主要关注主力资金在个股中的行为，其构成包括弃盘和控盘两个重要方面。

"猎狐先觉"指标通过特定的算法和模型，计算并显示出主力资金在一段时间内的买卖行为，从而帮助投资者判断主力的意图和市场走势。

弃盘：

当主力资金在某个价格区间内卖出股票时，猎狐先觉指标会显示为弃盘状态。这通常表示主力资金对当前市场或个股的走势持谨慎态度，或者正在调整持仓结构。

控盘：

相反，当主力资金在某个价格区间内买入股票时，猎狐先觉指标会显示为控盘状态。这表示主力资金对市场或个股的走势持乐观态度，并希望通过买入股票来推动价格上涨。

"猎狐先觉"指标通常以两条线（紫线和黑线）呈现。黑线代表主力弃盘，紫线代表主力控盘。当紫线上穿黑线时，表示主力有较强的做多意愿，开始控盘；反之，当黑线上穿紫线时，表示主力可能正在撤离，市场走势可能转弱。

该指标如图1-13所示：

图1-13   "猎狐先觉"指标

12. "领航布林线"指标（LHBLX）

同花顺"领航布林线"特色指标是一种基于统计学原理的技术指标工具，它使用移动平均线和标准差来绘制价格通道，从而帮助投资者识别市场的波动性和潜在的价格趋势。该指标的构成、定义与原理如下：

领航布林线指标，由五条线组成，分别为上轨线、上轨极限线、中轨线、下轨线、下轨极限线。

上轨线：中轨线加上1倍数的标准差。

上轨极限线：中轨线加上2倍数的标准差。

中轨线：通常是某段时间内的股价移动平均线（如20日移动平均线）。

下轨线：中轨线减去1倍数的标准差。

下轨极限线：中轨线减去2倍数的标准差。

通过这五条线，领航布林线指标能够描绘出股价的波动范围，并显示市场

可能的超买或超卖状态。

该指标如图 1-14 所示：

图 1-14　"领航布林线"指标

第二节　K 线技术在同花顺实战的运用

一、运用"早晨之星"和 KDJ 指标抄底

"早晨之星"，顾名思义就像启明星（金星）一样，预示着太阳的升起。由它的名称由来便知，这个形态预示着价格的上涨。

"早晨之星"由三根 K 线组成，在心理上构成一个完整的转化过程：看跌心理—多空平衡—看涨心理。所以，早晨之星 K 线组合形态的看涨概率大大提高。

利用"早晨之星"和 KDJ 指标抄底时需满足以下条件：

股价大幅下跌或长时间下跌后出现的早晨之星，方可关注。出现早晨之星时，KDJ 指标必须在 30 以下，K 值由下向上金叉 D 值。这两者同时出现早晨之星时，可及时买进。

如图 1-15 所示：

图 1-15　早晨之星，KDJ 指标在 30 以下方可买进

二、运用上涨红三兵和 BOLL 指标顺势做多

上涨红三兵指标的含义：

1. 上升持续形态中的上涨红三兵出现在回调形态的后期，且处于行情的相对低价区域，则行情将结束下跌，并在大成交量的配合下，走出一段持续上

升的行情。

2.若上涨红三兵形态出现在一段上升行情的后期，即处于行情的相对高价区域，则该形态不再具有上升持续形态的研判意义。

利用上涨红三兵和布林带指标顺势做多需满足以下条件：

上涨红三兵不可出现在行情大幅上涨之后，应出现在一段长跌之后，三根阳线的涨幅不可过大，此时方可买入。

上涨红三兵最好出现在布林带的下轨处和中轨处，可买入；如在上轨处出现上涨红三兵应放弃买入，最好观察。

上涨红三兵如果温和放量，此时可果断买进。

如图 1-16、图 1-17 所示：

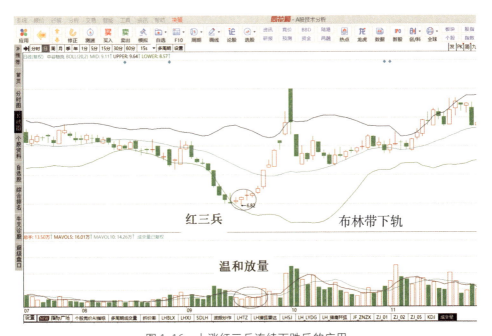

图 1-16　上涨红三兵连续下跌后的应用

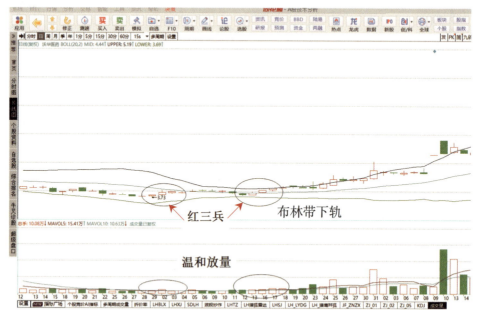

图 1-17　上涨红三兵出现在 BOLL 指标的下轨处和中轨处的应用

三、运用长下影线和均线指标逢低买进

长下影 K 线的含义：

1.长下影 K 线出现在上升趋势的高位，若成交量放大，则意味着抛压加重，承接踊跃，但有多头力竭之感。

2.长下影线出现在下降趋势的低位，若成交量放大，则意味着有恐慌性筹码抛出，但低位接盘踊跃，有大量多头抄底盘介入。

利用长下影 K 线和均线指标逢低买入需满足以下条件：

长下影 K 线必须长于 K 线实体。

长下影 K 线必须出现在行情下跌或横盘之后，并遇到均线支撑。

均线的运行方向必须向上，至少也得走平。

当长下影 K 线遇均线支撑并缩量时，可逢低买进，止损位设在均线之下略低处。

如图 1-18、图 1-19 所示：

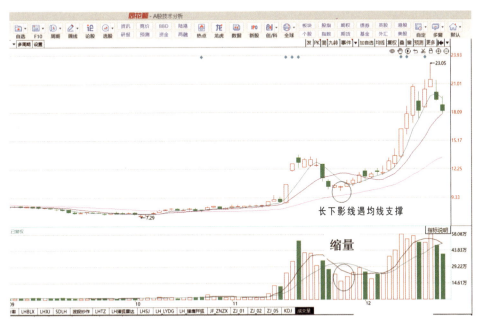

图 1-18　长下影线在大跌后遇均线支撑可买入

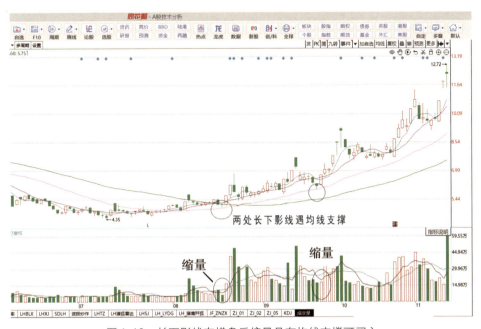

图 1-19　长下影线在横盘后缩量且有均线支撑可买入

四、运用平底 K 线组合和支撑线逢低买进

平底 K 线组合的含义：

平底 K 线组合一般出现于一轮短暂的下降趋势中，两根或多根 K 线有相同的最低价，意味行情探低见底，股价即将反转上升。

利用平底 K 线组合和支撑线逢低买入需满足以下条件：

平底 K 线组合必须出现在支撑线处或突破压力后回撤压力线处。

平底 K 线组合可以是二阳、二阴、一阳一阴或一阴一阳。

平底 K 线组合出现时，最好出现缩量。

在平底 K 线组合遇支撑时，可及时买进，止损位设在支撑线略低处。

如图 1-20、图 1-21 所示：

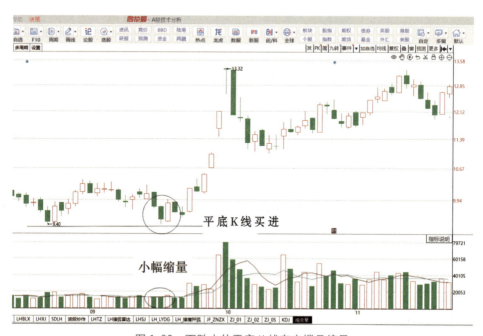

图 1-20　下跌中的平底 K 线有支撑且缩量

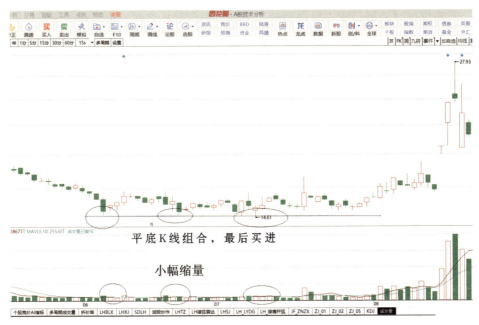

图 1-21 平底 K 线各种阴阳线组合

五、跳空突破平台买入法

跳空缺口的三种含义：

1. 突破跳空缺口：股价突破长期盘整，产生向上跳空缺口，则预示着一轮上涨行情开始。

2. 中继跳空缺口：又名"测量缺口"，标志着上涨行情走到了中间位置。

3. 竭尽跳空缺口：意味着行情日薄西山，很可能是向高价圈的最后冲刺。

跳空突破平台缺口买入法，需满足以下条件：

最优在突破跳空缺口时买进，次优在中继跳空缺口时买进，竭尽跳空缺口出现时不可买进。

出现突破跳空缺口突破阻力位时，成交量必须放大。

横盘时间越长，突破后的行情幅度越大。

在突破跳空缺口或中继跳空缺口突破长期盘整平台时，可迅速买进，也可在突破后回撤支撑位时加仓买进。

如图 1-22、图 1-23 所示：

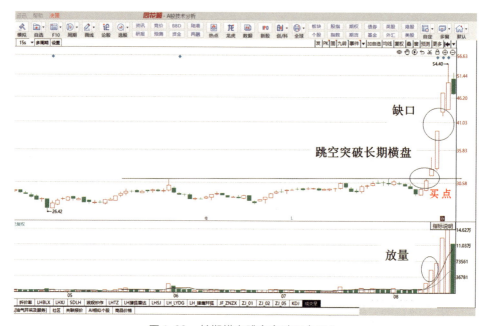

图 1-22　长期横盘跳空突破平台买入

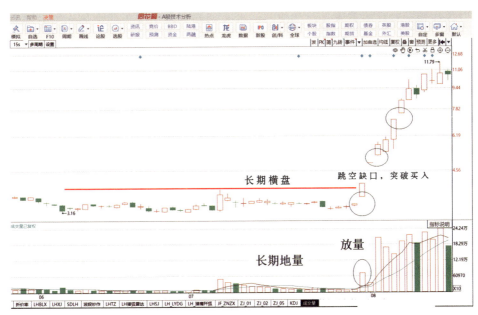

图 1-23　长期地量，跳空突破平台放量买入

六、识别主力出货：71 种 K 线形态

（71 张图表请在本章末尾扫码领取电子版）

1. 芝麻开花

二次高开阳线：股价跳空而上，形成阳线，第二天再次跳高开盘，且高走高收，此图形为多方占优走势，一般预示着空头的溃败，股价可能会快速上行，连拉阳线，节节攀高。投资者应认真观察第二天高开后的走势，如股价在成交量配合下顺势高走，可顺势介入操作。要同时认真观察个股基本面和消息面，以提防某些主力和机构借此形态骗线出货。

2. 背水一战

跳空攀缘线：股价跳空高开突破后，连拉两根顺次向上的阳线（攀缘线），多头尽快将防线向前推进到离第一天跳空缺口较远的地方，这是多方占优的走势，表明空头基本放弃抵抗，股价将继续上行。K 线组合中，跳空高开缺口往往预示着多头背水一战的决心。本 K 线组合在第二天的走势比较关键，如能在成交量配合下平开（或略微低开）高走，一般可及早介入，持股待涨。要同时认真观察个股基本面和消息面，以提防某些主力和机构借此高开形态骗线出货。

3. 趁热打铁

渐大三连阳：股价上升途中，多头接连向空头发起进攻，且攻势一天比一天猛烈。反映在 K 线图上，股价连收阳线，而阳线实体也越来越长，这常常是股价将加速上行的先兆。由于本 K 线组合中连续阳线的实体是由小变大，一般表明多头攻势日渐顺利，将趁热打铁，向空方发起总攻。运用本 K 线组合时应注意，如 K 线组合中阳线实体比较大，特别是第三、第四天的阳线已是中大阳线的话，就说明多头力量十分强大，即使招致空头反扑，也不过是极短时间的调整，反而成为短线追买的良机。要同时认真观察个股基本面和消息面，以提防某些主力和机构借此形态骗线出货。

4. 直上青云

上升中跳高十字星：随着股价上升，在中大阳线后常会出现或多或少的类十字星。这类十字星只是上涨途中的暂时整理而已，次日若股价上扬且伴随成交量的有效放大，一般为介入信号，通常将再出现一波快速上攻行情。本 K 线组合中类十字星数量多少不定，少则一颗，多则三四颗，无论星线多少，只要再次放量上攻，就会加速上扬。所以，投资者一般应在放量时及时介入，坐享顺水推舟之乐。具体操作中，要同时认真观察个股基本面和消息面，以提防某些主力和机构借此形态骗线出货。

5. 弹剑长啸

上升中途跳高剑形线：随着市场回暖，看好后市的人迅速增多，导致股价以较大缺口向上跳空开盘，其后虽受短线获利盘打压向下回落，尾市仍被拉高至开盘价附近收市，从而收出一根跳空的剑形线。此图通常表明空头反抗力量十分薄弱，如第二天仍以向上跳空的形式开盘，股价一般会加速上扬。K线组合中剑形线的长下影说明空头也曾拼死抵抗，却根本无法阻止股价上行，这种情况常常导致一些较敏感的空头反手做多，股价上行速度将会加快，因此投资者一般应在当天收市前及时跟进，至迟应在第二天跳高开盘时趁早杀入，否则可能错失一波快速上扬行情。具体操作中，要同时认真观察个股基本面和消息面，以提防某些主力和机构借此形态骗线出货。

6. 九天射日

上升中途跳高弓形线：股价上升途中，多方奋力向上，但遭空头阻击，不得不回撤至较低价位，从而在K线图上走出一根长上影K线（即弓形线）。由于K线组合中空头力量在制造"长弓"过程中已消耗殆尽，因而弓形线形成时就是介入良机，即使第二天不能形成将这一弓形线包容在内的大阳，股价上行趋势一般不会改变。如第二天多头尽全力向上攻击，将前一日长上影全部抹去，则股价将加速上行，连收阳线。如第二天多头不能攻上弓形线最高点，而是收出一根包孕在此弓形线长上影之内的中小阳线，就说明多头上攻遇到较大阻力，虽不能就此妄言股价见顶，但其后上攻速度将放慢。具体操作中，应认真观察个股基本面和消息面，以提防某些主力和机构借此形态骗线出货。

7. 天高云淡

上升中途小压迫线：多方连续发力向上，在收出阳线的次日股价大幅高开，至尾市时收盘价落至开盘价以下，但仍高于前一日收盘价，形成高档小压迫线。此种图形通常表示空头的压制力量有限，多方将乘虚而入，将股价推上新高。高档的小压迫线本身常常意味空头力量薄弱，故在形成压迫线当天一般是入货良机，或者在第二天开市时可以介入。如果压迫线与前一天的阳线之间留有跳空缺口（即该压迫线没有下影线），考虑及早介入。具体操作中，要同时认真观察个股基本面和消息面，以提防某些主力和机构借此形态骗线出货。

8. 蚂蚁撼树

上升中途伪阴线：股价上升途中，多头向空方发起猛烈进攻，导致股价大幅高开，空头也不甘示弱，尽力将股价向下打压，连续两日收出阴线，但两根阴线的收盘价都高于前一天收盘价，形成伪阴线。本K线组合中连续两根小阴线都无法遏制多头的进攻，通常会导致多空力量对比更加不平衡，股价一般将加速上行。故投资者一般可在第二根阴线处考虑加入多方阵营，以便分享胜利成果。具体操作中，要同时认真观察个股基本面和消息面，以提防某些主力和机构借此形态骗线出货。

9. 更上一层楼

上升中途阳包阴：股价正在上行，多方发力向上，连拉阳线，其后遭空方拼死抵抗，报收小阴。第二天多头再次发力，从下到上通吃前一小阴，将前一天的空头一网成擒。在本K线组合中，一般稳妥的入货时机是第二天多头上攻，将股价拉至前一阴线的开盘之上的时候。其时正是烟消云散之时，万里晴空之始，此时考虑介入，收效既快，战绩也好。具体操作中，要同时认真观察个股基本面和消息面，以提防某些主力和机构借此形态骗线出货。

10. 浪子回头

上升中途归顺线：股价上升过程中，某一天收出一根阴线，似乎要进行调整，但第二天却峰回路转，多头一开盘即已稳占上风，在前一根阴线的开盘价之上开盘并高走高收，形成上升中途归顺线。此间，一旦多头将战火烧到空头防线（即前一阴线的收市价）之后，则通常为空头将全线崩溃的先兆，投资者可考虑此时介入，而不必等待阳线的形成。具体操作中，要同时认真观察个股基本面和消息面，以提防某些主力和机构借此形态骗线出货。

11. 葵花向阳

上升中途上拉线：在股价上升途中，空头不甘于承认自己的失败，拼命想压住股价，从而收出阴线，谁知第二天即遭到多头更加猛烈的攻击，在前一根阴线的实体之内开盘并收盘于前一阴线的开盘价之上，形成上升中途的上拉线，这通常是股价将加速上行的预兆。由于空头已经不能守住自己的阵地，一开盘即被多头轻骑奔袭，杀到己方防线后面，这常常是空头大厦将倾的预兆。一般情况下，投资者可考虑在形成阴线的次日一开盘就及时介入，也可等当天的上拉线基本形成时再加入战阵，以策安全。具体操作中，要同时认真观察个股基本面和消息面，以提防某些主力和机构借此形态骗线出货。

12. 映日荷花

上升中途阳孕阴：股价持续上行后拉出一根实体较大的阳线，第二天却出一根包孕在前一阳线实体内的小阴线，这通常是股价将加速上行的迹象。由于本K线组合中的小阴线连前一阳线的开盘价都无力攻克，说明空头抵抗力量非常薄弱，此时可以考虑是买方加码的大好时机。具体操作中，要同时认真观察个股基本面和消息面，以提防某些主力和机构借此形态骗线出货。

13. 红旗漫卷

上升中途切入线：多方正在拉抬股价，却遭空头阻击，收出覆盖性或包容性阴线，第二天顺势低开后并未继续低走，而是反复向上，拉出一根切入线。这通常说明前一阴线只是短期回档，股价仍将震荡上行。K线组合中的阳切线通常是一种攻击形态，但投资者应密切注意，收出覆盖性或包容性阴线的当天必须缩量，如果放量下跌，则必须十分小心。另外，还要注意分析该切入线的力度，如果是"斩回线"，则股价有可能快速上行；如果只是"插入线"，则将以震荡向上的方式为主，投资者一定要有耐心。具体操作中，需同时认真观察个股基本面和消息面，以提防某些主力和机构借此形态骗线出货。

14. 忍辱负重

上升中途阳孕阳：股价正在上行，前一天收出一根实体较大的阳线，第二天却拉出一根包孕在前一阳线实体内的小阳线，这通常是股价上行受挫的迹象，其上升速度将有所减缓。如果第三天能高开收阳，考虑介入。具体操作中，要同时认真观察个股基本面和消息面，以提防某些主力和机构借此形态骗线出货。

15. 极目楚天

上升中途并阳线：股价持续上升，在拉出阳线的次日又收出一根与其几乎并排的阳线，这通常是股价将继续上行的先兆。由于并阳线本身是多头遭受意外挫折的一种K线组合，故其后股价虽将继续向上，但多以震荡盘为主。在特殊情况下，也可能出现一段快速向上行情，但概率较小。所以在具体操作中，要同时认真观察个股基本面和消息面，以提防某些主力和机构借此形态骗线出货。

16. 铅华尽洗

上升三法：在行情涨升的途中，大阳线之后出现连续三根缩量整理的小阴线，紧接着就是一根力度较大的阳线，放量洗尽其前的获利及套牢筹码，通吃前三根小阴线，这常常是蓄势待发的征兆，股价通常将上升。这是较为典型的"上升三法"走势，"三法"的含义是"买、卖、休息"，本K线组合三连阴也就是上升途中多头休息的迹象。由于空头已能连拉三阴，实力有所增强，故其后股价虽然仍将上行，但速度将比较缓慢，多半是一种盘升的走势，而且有可能再次出现这种上升三法的形态，投资者一定要有耐性。另外，有时本K线组合的第三根阴线的实体会比较长（甚至打穿第一天阳线的开盘定位），但无量配合，仅仅是无量空跌，如其后的阳线实体较大，也可以看成变形的上升三法。具体操作中，要同时认真观察个股基本面和消息面，以提防某些主力和机构借此形态骗线出货。

17. 前仆后继

上升跳空三法：在上升行情中，多方鼓勇向前，使股价高开高走，形成跳空阳线，随后空头全力反扑，在前一阳线实体内开盘后继续发力，股价低伏，补去前一天的跳空缺口，从而形成所谓的"上升跳空三法"。这是多头市场中较为典型的回档形态，其中的下拖阴线通常是多头以退为进，继续为拉升做准备。在本 K 线组合中，较理想的入货时机是最后一根阴线的下端。一般本 K 线组合是一种震荡盘升信号，其后股价的上升速度不一定很快，投资者可以考虑耐心捂股。具体操作中，要同时认真观察个股基本面和消息面，以提防某些主力和机构借此形态骗线出货。

18. 一览众山

超越覆盖线或压迫线：股价上升到一定高度后，空头开始反扑，收出覆盖线或压迫线，显示股价已有调整压力。此后如出现再创新高的阳线，通常表明股价已结束调整，将重返升途。股价结束调整，再创新高，通常是强势的表现。一般而言，股价再创天价之时可能是买入时机。但本 K 线组合是一种震荡盘升定式，投资者入货之后，应以捂股为主，避免倒差价。不过在具体操作中，投资者仍应认真观察个股基本面和消息面，以提防某些主力和机构借此形态骗线出货。

19. 登高望远

上升中途阳包阳：股价正持续向上，在收出阳线的第二天却跳低至前一阳线开盘价之下开市，随后反复向上，收盘于前一阳线的收市价之上，形成阳包阳之势。这种走势虽然暗示多头上攻时曾受到某种意外打击，其后攻势必定小心翼翼，但上攻决心并不会就此磨灭。本 K 线组合一般是震荡上行的定式之一，投资者可考虑耐心持股。想加码的人可考虑在第二天股价被拉升至前一天收盘价附近时再采取行动。具体操作中，要同时认真观察个股基本面和消息面，以提防某些主力和机构借此形态骗线出货。

20. 孤翁独钓

低档横盘中剑形线：低档盘整过程中，某一日股价被大幅打低，但收盘仍回到开盘价附近，收出一根极长下影的小 K 线。K 线组合中长下影往往是主力有意所为，且常常都创出历史新低，暗示此股已有人暗中收集，通过大幅打低，既震荡吸筹，又探明了底部。本 K 线组合一般出现在大势极度低迷时期，投资大众尚未对此股加以注意，只有个别有心人在暗中运作。由于本K线组合只是一种底部震荡吸筹的图形，真正的发动尚需时日。所以有货的投资者可考虑要捂紧筹码，不要被轻易震仓出局。无货的投资者则不必急于入货，可等主力正式发动行情（放大量、拉大阳）时考虑介入。但是，具体操作中，要同时认真观察个股基本面和消息面，以提防某些主力和机构借此形态骗线出货。

21. 春燕啄泥

低档横盘中弓形线：股价滑落至低档后，持股者一般都有"死猪不怕开水烫"的心态，不会轻易出脱手中持股。为了以尽可能低廉的建仓成本获得尽可能多的筹码，主力通常只有通过拉高股价，才能将中小投资者手中的筹码骗出来。表现在K线图上，则是某一日股价在盘中被大幅拉高，然后又滑落回开盘价附近收市，从而留下长长的上影线。本K线组合通常是机构拉高建仓的信号，投资者应耐心等待主力日后大幅拉抬，不要为其后盘整失去耐心。由于本K线组合多出现在原始底部区域，故通常情况下股价往下打压，考虑逢低吸纳，千万不要被震出手中的筹码。具体操作中，要同时认真观察个股基本面和消息面，以提防某些主力和机构借此形态骗线出货。

22. 一触即发

低档横盘末期弓形线：股价在低档经过长时间盘整，底部已十分扎实。某日股价在盘中被大幅拉高，尾市又回落至较低位收盘，从而在日线图上留下一条长上影阳线。长长的上影乃主力试盘所为，通常意味着主力的收集已经完成，即将开始拉抬。次日如放量拉出大中阳线突破向上，一般反弹开始。本K线组合一般为反转行情的启动信号，通常情况下，投资者应尽早杀入，以享受庄家抬轿的乐趣，获取超额利润。具体操作中，要同时认真观察个股基本面和消息面，以提防某些主力和机构借此形态骗线出货。

23. 喷薄而出

低档横盘末期大阳突破：股价经横盘整理后，底部已经构筑得十分坚实，向上突破只是时机问题。某一日股价放量拉抬，长阳报收，且收市价高过此前横盘区价位，创出近期新高。本K线组合是低档盘整后的突破信号，由于整理时间较长，浮筹已清洗殆尽，通常一旦突破，一般势不可当。投资者应在大阳突破局势已定时考虑跟进，第二日也可买入。具体操作中，要同时认真观察个股基本面和消息面，以提防某些主力和机构借此形态骗线出货。

24. 三阳开泰

低档横盘末期红三兵：股价在低档经过较长时间的整理之后，连续走出三根小阳线，形成"红三兵"走势，一般是一波行情启动的信号，股价将向上扬升。本K线组合中三根小阳线的收盘价逐日向上移动，且多半属于当天的较高价位，武士勇往直前的形象跃然纸上，底部趋升的形势较明显。本K线组合通常是低档突破向上的信号，但相对来说上升速度比较缓慢，也比较稳定，没有差价可做，一般要在接近一波次级行情的尾声时，才会出现加速走势，故投资者可以考虑耐心捂筹，做足波段行情。具体操作中，要同时认真观察个股基本面和消息面，以提防某些主力和机构借此形态骗线出货。

25. 物极必反

低档急跌三大阴：股价连番下挫，空方疯狂肆虐，在低档连拉三条大阴线，这是股价即将陷入短期谷底的先兆，行情将改由多头主控，在极端弱势之中产生反弹。本K线组合一般是股价短期见底的征兆，由于底部未能盘实，故只能当作反弹对待。具体操作中，仍然要同时认真观察个股基本面和消息面，以提防某些主力和机构借此形态骗线出货。

26. 苦尽甘来

三空阴线：股价加速下挫，在低档连续三次跳空收出阴线，这通常是多头即将死绝、股价将要止跌的信号。所谓"多头不死，跌势不止"，因而此时股价反弹的可能性较大。但是，尽管本K线组合为比较强烈的反弹信号，但由于其最终的下跌幅度深不可测，投资者应慎之又慎，不要轻易介入抢反弹，以免被股价的惯性下挫所伤害。只有当股价放量收阳，并开始回补最后一个跳空缺口（即底部缺口）时，才是比较稳妥的介入时机。具体操作中，要同时认真观察个股基本面和消息面，以提防某些主力和机构借此形态骗线出货。

27. 星星之火

低档急跌后下跳十字星：在大跌行情中，股价在低档连续收出大中阴线，次日跳空开出十字星，一般暗示卖方已在犹豫，无力继续打压股价。如第三日即出现一根力度较大的阳线，就表明多头已控制住局面，即将展开一轮上攻。十字星本为转折线，本 K 线组合的十字星犹如即将燎原的星星之火，一般意味着股价筑底已经完成，乃反弹之征兆。本 K 线组合中最后一根大中阳线是对转势的确认，投资者为确保安全，一般不必在十字星出现的当日介入，而可以考虑在次日基本确定能走出大中阳线时及时介入。具体操作中，要同时认真观察个股基本面和消息面，以提防某些主力和机构借此形态骗线出货。

28. 大地回春

低档急跌后尽头阴线：股价在低档收出长下影阴线，次日再收一条阴线，但此阴线未能突破前一日阴线下影，一般暗示空头力竭，买方即将展开反攻。本 K 线组合通常是股价中短期见底的信号，可以考虑在出现长下影的第三天介入。具体操作中，要同时认真观察个股基本面和消息面，以提防某些主力和机构借此形态骗线出货。

29. 风卷残云

低档急跌后阳包阴：在连续下挫行情中，空方全力打压，在低档收出中长阴线，由于短期内下跌过快，空头战线拉得太长，补给不济，终于遭到多头拼死抵抗，稍低开盘后即转盘向上，以接近当日最高价收盘，将前一日阴线完全包住，给了空头有力一击。本 K 线组合出现后，部分原来的空头看到势头不妙，往往阵前反戈相向，故很容易形成 V 形走势，投资者可以考虑介入。具体操作中，要同时认真观察个股基本面和消息面，以提防某些主力和机构借此形态骗线出货。

30. 春雨初霁

低档急跌后阴孕阳：在连续下挫行情中，股价在低档收出大阴，空方大获全胜。次日本应乘胜追击，不料被多头打了个措手不及，以高开价开盘。空方虽全力压制，却无力将股价打至前一收盘价之下，最终以红盘报收。本K线组合一般是低档反弹信号,但反弹力度取决于成交量的配合以及第三日的市况。若收阳的当日成交量有效放大，则反弹信号更加可靠。此外，若第三日放量收阳，吃掉前一根大阴，则反弹就此展开，缩量收阴则尚需多观察几天。具体操作中，要同时认真观察个股基本面和消息面，以提防某些主力和机构借此形态骗线出货。

31. 春光乍泄

低档急跌后切入线：股价快速下挫，在低档收出大中阴线，次日却遇多方奋力抵抗，低开高走，反收一根中长阳线。此阳线收盘价至少位于前一条阴线的中心值附近。如第三日继续收阳，一般预示反弹开始。为确保安全，投资者最好等第三日收阳时再考虑择机入市。由于缺少底部盘整，此种图形几乎不可能出现在原始下跌行情底部，而往往是中级或次级下调行情的反弹信号，一般不要恋战。不过，如成交能同步放大，也可能是一波中级行情的开始。具体操作中，要同时认真观察个股基本面和消息面，以提防某些主力和机构借此形态骗线出货。

32. 暗度陈仓

低档急跌后阴夹阳：股价在低位跌势加速，收出中大阴线，次日多方奋起反击，还以颜色，以中大阳线报收（与前一天的阴线构成阳包阴或阳切阴），第三天空头拼死反扑，又拉出一根中大阴线（覆盖线或包容线），但此阴线常常是空方最后一击，只要其后能收出中阳线，反弹就将开始。本K线组合通常属低档大幅震荡的走势，多空争夺十分激烈，前三天虽然构成两阴夹一阳的极弱态势，实际上空头常常是回光返照，投资者不应被空头的汹汹气势所吓倒，可以考虑入市。具体操作中，要同时认真观察个股基本面和消息面，以提防某些主力和机构借此形态骗线出货。

33. 改过从新

低档急跌后上拉线：股价在低档加速下挫后形成中大阴线，第二天由于受某些重大利好消息影响，股价直接跳高至前一阴线的实体内开盘，并顺势上攻，收于当天的偏高价位，走出一根实体长大的上拉阳线。这通常是股价止跌反弹的信号之一，虽然随后几天股价可能再向下回落，但只要空头无法将这根上拉阳线吃掉，股价可能将向上反弹。本K线组合通常是低档大幅震荡的走势，多空双方全力施为，形势变化极快。由于有消息面的配合，力量的天平一般会向多方倾斜，虽然还需要一些时间来筑底，但要再创新低也是比较困难之事，故投资者一般考虑改投多头阵营。具体操作中，要同时认真观察个股基本面和消息面，以提防某些主力和机构借此形态骗线出货。

34. 定海双针

低档急跌后连拉剑形线：股价加速下跌后，在低位接连拉出两根剑形线，第三天低开后以稍高价位收市，且股价波动幅度也在减小，这常常说明短期内股价下跌空间有限，如果第四天跳高开市则股价将开始反弹。实际上，K线组合中第二根长下影通常是对第一天所探底部的再次试探和确认，当第三天股价没法再创新低时，投资者即可考虑介入。具体操作中，要同时认真观察个股基本面和消息面，以提防某些主力和机构借此形态骗线出货。

35. 黑云压城

高档多根并列阴线：股价持续上扬，在高档连续拉出多条阴线，常常显示股价上涨无力，即将进入调整。此图形是在高位横盘区域连拉阴线，表明股价虽有上冲欲望，但买气减弱，上方的压力较大，调整将至。除非随后能再拉大阳向上突破，否则即以出局观望为妙。另外，由于本K线组合总是开高收阴，更要提防某些人乘市场气氛热烈之时拉高出货。

36. 残阳铺水

反击滑行线：股价在高档连续走出两根向下的阴线，第三天多头展开反击，再拉一根中大阳线，将前两根阴线尽数吞没。看起来似乎买盘力量又有增强，实际上却可能是主力正在拉高出货，因而也是投资者难得的逃命线。只要最后一根大阳线之后再拉阴线，本K线组合较有把握。因此，即使在拉出大阳的当天不出局，第二天股价降至大阳收盘价之下时也应考虑获利了结。具体操作中，投资者要认真研究个股基本面和消息面，以提防主力骗线。

37. 雾锁高台

高档横盘中上跳大阴线：股价在高档横盘整理，连日小阴小阳不断，某一日突然大幅向上跳空高开，由于得不到投资者认同，股价回落至其横盘区域收市，形成高位的大阴线。其后股价继续在高档横向整理，再也无力向上发起攻击，最后一般向下突破，可能展开一段下跌行情。股价在高档横盘即多头乏力的迹象，再加上一根高开低走的大阴线，调整意味较浓，即使股价并不会就此展开快速回调，持股人士也应考虑出局。具体操作中，投资者要认真研究个股基本面和消息面，以提防主力骗线洗筹。

38. 乌云盖顶

滑行线接滑行线：当行情长期上涨后，在高档接连两次走出滑行线组合，其间仅发生过一次微弱反弹，夹杂着一根小阳线，通常可断定此前高价已是天价，股价上涨乏力，即将向下回落。如股价在高档走出本K线组合，通常意味着原上升通道已被打破，加上多次拉出连阴，说明上涨压力十分沉重，一般应考虑出局观望。具体操作中，投资者要认真研究个股基本面和消息面，以提防主力骗线洗筹。

39. 见顶三鸦

股价惯性上冲，在高档连续两次高开低走形成伪阴线组合，紧接着再拉一根下降阴线，这三根阴线就成为典型的"见顶三鸦"，通常是主力在高位拉高出货的明显迹象。通常情况下，有"见顶三鸦"，可能出货。即使不一定随即出现快速回调，落袋为安、规避风险确有必要。具体操作中，投资者要认真研究个股基本面和消息面，以提防主力骗线洗筹。

40. 一泻千里

高档盘整末期大阴向下：股价在高档横向整理，前进方向未明，最后以一根大阴线向下突破，确立行情调整的格局。此前的高位震荡通常是主力机构的出货手法之一，由于有比较充裕的时间，主力的出货往往会比较彻底，故一旦清仓完毕，股价将迅速下挫。K 线组合中大阴线具有决定性意义，常常是空头一击而中，股价一泻千里，多方唯有认输出局，一般不要因当天跌幅太大而妄想有反弹走货机会，以免越陷越深。当然，具体操作中，投资者要认真研究个股基本面和消息面，以提防主力骗线洗筹。

41. 三鸦遮日

高档盘整末期绿三兵：股价在高档盘整一段时间后连拉三根向下的阴线，通常情况下，这是较大调整开始的信号，股价常常从此一蹶不振。本 K 线组合是在高位横盘后出现三只乌鸦，通常暗示股价的调整将幅度巨大，时间持久。由于股价调整刚刚开始，投资者一般既不要等反弹，更不应该抢反弹，应该考虑溜之大吉。具体操作中，投资者要认真研究个股基本面和消息面，以提防主力骗线洗筹。

42. 乐极生悲

高档急升三大阳：股价在高档加速上升，连续收出三根中大阳线，由于短期升幅过大，多头部队后续不济，很容易产生回档。除非上市公司经营状况出现了实质性变化或利好，否则，高档连拉三阳线之后总要发生一定幅度的调整。因此，一般应在第三根大阳形成之时考虑获利了结，进取型投资者也可等股价拉出第一根阴线时再考虑采取行动。具体操作中，投资者要认真研究个股基本面和消息面，以提防主力骗线洗筹。

43.月朗星稀

高档弃十字星：在涨幅已大的情况下，股价跳空上扬，形成一根十字线，第二天却向下跳空拉出一根阴线，这是行情即将转盘下跌的先兆。高位十字星本身通常表明多头上攻时已十分犹豫，再加上一根实体较长的下跳阴线，出局信号较明确。一般情况下，即使不在出现高档十字星的当天获利了结，也应考虑在第二天跳低开盘时及时退出。当然，具体操作中，投资者要认真研究个股基本面和消息面，以提防主力骗线洗筹。

44.孔明陨星

高档弃弓形线：在高价圈出现一根跳空向上的弓形线，第二天随即收出一根实体较长的阴线，通常表示股价经大幅涨升后高位遇阻，多头出师不利，自然要进行调整。一般情况下，有货的投资者应赶紧出货，最迟要在第二天股价走低至弓形线的收盘价之下时考虑出局，以免成为调整的牺牲品。具体操作中，投资者要认真研究个股基本面和消息面，以提防主力骗线洗筹。

45.愿者上钩

高档弃吊颈线：股价在高档急速上扬，大幅高开后向下回落，至尾市时才被拉回到开盘价附近，如第二天低开低走，使前边剑形线成为前后皆空的吊颈线，通常是行情见顶的明显信号，股价即将进入调整。尾市的拉高可能是投资者最好和最后的出局良机。具体操作中，投资者要认真研究个股基本面和消息面，以提防主力骗线洗筹。

46.残阳返照

高档尽头阳线：在持续涨升后走出一根带有较长上影线的中大阳线，随后收出一颗实体被包孕在前一阳线上影线内的小阳线，由于它并没有超越前一天高点，通常说明股价已上涨乏力，即将开始回调，可以考虑逢高出货。具体操作中，投资者要认真研究个股基本面和消息面，以提防主力骗线洗筹。

47. 绝顶独阴

大阴高高挂：在一段持续上扬行情之后，股价大幅向上跳空高开，因为遭到获利盘压制而回落至前收盘价附近报收，第二天顺势低开低走，留下一根空前绝后的阴线高耸云端。K线组合中绝顶阴线的高开通常是主力机构为拉高出货而有意为之，因而也成为中小散户的出局良机，应考虑获利了结。当然，具体操作中，投资者要认真研究个股基本面和消息面，以提防主力骗线洗筹。

48. 夕阳无限

高处跳水：股价加速上升，在高档拉出跳空阳线，不料第二天风云突变，一开盘就大幅向下跳空至前一阳线开市价之下，收出高档反弹线或伪阳线，为一波下挫行情定下基调。此K线组合通常意味着多头气势盛极而衰，第二天大幅低开时即应考虑出局。具体操作中，投资者要认真研究个股基本面和消息面，以提防主力骗线洗筹。

49. 大雁南飞

高档跳空阴线：股价在高档升势加速，收出一根向上跳空高开低收阴线，第二天股价跳高至前一阴线的实体内开盘，但无法企稳，尾市回落至比前一天收市价更低的价位收盘，形成高档的跳空滑行线。高档上跳阴线已是警戒信号，第二天再高开低走，更显弱势，此时可以考虑出货，可以在收盘之前退出。具体操作中，投资者要认真研究个股基本面和消息面，以提防主力骗线洗筹。

50. 风云突变

高档阴包阳：股价经连续上涨后再拉阳线，隔日顺势高开后因获利回吐压力沉重，抛盘源源不断地涌出，买方放弃抵抗，接盘稀少，导致股价持续向下，并最终以低于前一阳线开盘价的价位收市，一口吞掉前一天的阳线，形成高位阴包阳之势。通常情况下，前一阳线开盘价是多头生命线，只要跌穿这一价位，持股者可以考虑退出观望（注：如仅跌穿收盘价还不能确定是阴包阳，不能确定调整的开始）。具体操作中，投资者要认真研究个股基本面和消息面，以提防主力骗线洗筹。

51.穷途末路

高档阴包阴：股价在高档遭空头阻击，收出阴线，第二天再拉一根高开低走的大阴线，将前一阴线从头到脚一口吃掉，这通常是股价见顶反转的信号。此时，主力清仓一般已到最后阶段，不需再遮遮掩掩，高开长阴通常是最后一次拉高出货，因而也可能是中小投资者难得的逃命线。一般而言，阴包阴出现后的第二天高开时是较理想的出货点位，此时可以考虑迅速出场，以免深套。具体操作中，投资者要认真研究个股基本面和消息面，以提防主力骗线洗筹。

52.一剑苍生

高档阴包剑形线：股价快速上扬，在高档收出一根吊颈线，次日股价再次跳高开盘，但在空头的强力攻击下无法在高处企稳，不得不向下回落，在前一天最低价之下收市，从而将前一吊颈线完全包容在内。本K线组合中空头连续两天打压股价，并终于在低位建立防线，通常表示股价已至顶，行情即将回软。当第二天股价落到前一吊颈线收盘价之下时，一般应及时出货。实际上，如果在第一天尾市拉高时能够出局，则是求得"高枕无忧"的最好办法。具体操作中，投资者要认真研究个股基本面和消息面，以提防主力骗线洗筹。

53.一叶知秋

高档阳孕阴：股价在连续拉升后收出一根实体较长的阳烛，随后遭空头反击，股价低开收阴，其开盘与收盘价都未能突破前一阳线的高低点，这通常表明股价上涨力道不足，可能将向下回档。如第三天再拉一根实体或上影较长的阴线，则可能是股价暴跌的先兆。一般情况下，在高档走出这一K线形态组合，虽然不一定会快速回档，但投资应以安全为第一原则，只要第三天股价低开，或平开低走，考虑出局观望。具体操作中，投资者要认真研究个股基本面和消息面，以提防主力骗线洗筹。

54. 落日残阳

高档阳孕阳：股价在高档收出一根阳线，之后再收一根小阳线，且完全孕育在前一天阳线的实体内，这通常是股价上升乏力的迹象，表明股价即将回档整理。本组合图形看起来就像夕阳西下，虽然十分美丽，却常常是黑夜即将来临的先兆。如果接下来继续低开，可以考虑及早离场。具体操作中，投资者要认真研究个股基本面和消息面，以提防主力骗线洗筹。

55. 当头棒喝

高档覆盖线：股价连续扬升，在高档走出大阳线，第二天股价顺势高开，由于受到获利回吐盘影响，股价持续滑落，并跌至前一阳线实体之内收盘，从而形成覆盖线组合。此覆盖线出现在长期上涨后的高位，可能构成行情见顶的信号。具体操作中，投资者要认真研究个股基本面和消息面，以提防主力骗线洗筹。

56. 黯然销魂

高档阳夹阴：股价高档走出大阳线，第二天即被一条长阴（包括湮没线、阴包阳、下拖线）所吞没，第三天多头再发余威，奋力拉高，却只能拉出一根切入线，通常暗示股价已到达天价区，只要接下来再出现覆盖线，投资者就应考虑出局。K线组合中多方攻势连续两次被空头成功阻截，呈现高位阴阳震荡的态势。当第四天股价下跌至前一阳线开盘价之下时，通常就是最后出局机会，随之而来的回调走势有可能非常凌厉，投资者不得不防。具体操作中，投资者要认真研究个股基本面和消息面，以提防主力骗线洗筹。

57. 夕阳老鸦

高档下拖线：股价高档拉出中大阳线，不料第二天买气突然消失，股价跳低至前一阳线实体内开盘，并在空头大力打压下低走至前一阳线开盘价下收市，形成高档下拖线。股价长期攀升本已造成大量获利盘，再遭此突然袭击，多头上攻欲望必定大打折扣，股价调整也势在必行。通常情况下，当股价跳低开盘，且无望反弹时，应考虑趁早了结。事实上，下拖线往往没有上影线，即使有也十分短小，因而一般等待反弹是不明智的。具体操作中，投资者要认真研究个股基本面和消息面，以提防主力骗线洗筹。

58. 十面埋伏

下档盘整后大阴突破：股价随大而有力的阴线向下急挫，在低档稍做整理，接下来若出现跳空阴线或大阴线，则通常是另一波大跌的起步。一般情况下，这种盘整不过是中段弱势整理，时间一般在 4 ~ 11 天间，休整结束后股价仍将下挫。股民此时应痛下决心，斩仓出局。如果再形成向下突破，更不能有半点犹豫，随后的调整幅度与速度可能都会超出人们的想象。当然，具体操作中，投资者要认真研究个股基本面和消息面，以提防主力骗线洗筹。

59. 灭顶之灾

跳水一字线后不补缺：股价受重大利空打击，一开盘即跌停板价开出，并一直将跌停封至收盘，从而在 K 线图上形成一字线。若第二天继续低开，且不能回补一字线形成的巨大缺口，投资者应追卖出局。通常情况下，这可能是买盘彻底崩溃的信号，股价将飞流直下，一泻千里。当形成下跳一字线时，除非反应特别迅速，当天一般都没有出货机会，因此，当第二天跳低开盘时，投资者应该抓住机会，考虑清仓。当然，具体操作中，投资者要认真研究个股基本面和消息面，以提防主力骗线洗筹。

60. 风狂雨骤

二次跳空阴线：在下调行情中股价连续两次跳空向下，这通常是买盘崩溃的表现，投资者应及早出局，股价有可能加速下挫。一般情况下，股价跳空下行时，投资者即应考虑退出。第二天跳空低走时，就更不能再对反弹抱有半点不切实际的幻想，可考虑彻底清仓。从中国股市的实际情况来看，只要不是跳空跌停，或是向下跳空后曾经回补缺口，连续跳空五六次的现象也不是十分罕见的。具体操作中，投资者要认真研究个股基本面和消息面，以提防主力骗线洗筹。

61. 拾阶而下

渐大三连阴：股价开始下调，连拉三根阴线，且实体长度越来越大，即股价下行加速迹象越来越明显，这也是提醒股民要抓紧出货，以避开随之而来的巨幅回调。一般说来，如果这三连阴都只是中小阴线，则很有可能紧接着拉出第四、第五根阴线；若是它们的实体已经比较长大，特别是当第三根阴线是大阴线时，通常说明空头的打压已经肆无忌惮，随后的下挫将迅猛有力。有货的应考虑清仓，无货的应该持币观望。具体操作中，投资者要认真研究个股基本面和消息面，以提防主力骗线洗筹。

62. 火烧连营

下降中途伪阳线：股价下行过程中连续出现小阳线，但其开盘价和收盘价却一天低于一天，形成伪阳线组合，这通常是股价将快速下行的前兆，提醒投资者考虑中途出局。由于反弹时机尚未成熟，持币者还是应该继续持币观望。具体操作中，投资者要认真研究个股基本面和消息面，以提防主力骗线。

63. 江流浩荡

下降中途阴包阳：股价持续下行一段后遭多头反抗，拉出一根小阳线，由于力量有限，反弹无力，空头正好乘虚而入，在第二天就全力施为，将前一天的小阳线从上到下一口吃掉。当股价下跌至前一阳线收盘价之下时，投资者可考虑追卖，而不必等到阴包阳组合形成以后才仓促行动。具体操作中，投资者要认真研究个股基本面和消息面，以提防主力骗线洗筹。

64. 惨淡经营

下降中途反叛线：股价下行一段以后，遭多头抵抗，拉出一根向上的阳线。但反弹昙花一现，第二天一开市，股价就直接跳低至前一阳线开盘价之下开盘，将前一天买进的投资者全部套住。此 K 线组合通常意味着多头再次失势，考虑出货为宜。当然，具体操作中，投资者要认真研究个股基本面和消息面，以提防主力骗线洗筹。

65. 雨打浮萍

下降中途下拖线：股价下行途中收出一根小阳线，第二天即再遭空头沉重打击，股价直接跳低至小阳线实体内开盘，并走低至其开盘价之下收市，形成一根下拖线。投资者一般在股价跳低开盘时可以考虑追卖，尽可能减少损失。具体操作中，投资者要认真研究个股基本面和消息面，以提防主力骗线洗筹。

66. 水漫金山

下跌中途覆盖线：股价连续下滑后遭多头反抗，收出阳线，但随即受卖方压制，第二天稍高开盘后就有许多卖盘涌出，将股价向下压低至前一阳线实体内收市，形成下降途中覆盖线组合。当第二天股价下滑至前一阳线收盘价之下时，考虑追卖。此外，本K线组合下行速度与该阴线覆盖阳线的深度很有关系，如果是"盖帽线"，下行速度就将较为缓慢；假如是"灭顶线"，就会有快速下探的机会。当然，具体操作中，投资者要认真研究个股基本面和消息面，以提防主力骗线洗筹

67. 覆巢之下

下跌中途阴孕阳：股价连续下挫，由于短时间内跌幅较大，股价暂时失去下行动力，于是在前一阴线收盘价之上开出，并且走高收阳，从而与前一阴线形成阴孕阳组合。K线组合中的孕阳线通常表明多头的抵抗力量极其有限，反弹将十分微弱。此时通常应考虑追卖，或继续持币观望。具体操作中，投资者要认真研究个股基本面和消息面，以提防主力骗线洗筹。

68. 回光返照

下降三连击：股价连续下挫，连拉三根阴线，随后多方大举反攻，以一根大阳收复了前面三根阴线所丧失的领地，这种下跌中途的"三连击"通常表示多头平仓，由于多方在当天反弹中已消耗了全部力量，因而股价将继续下行。一般情况下，投资者千万不要被这根大阳所迷惑，误以为这是反弹的开始。就股价运行的实际来看，第二天走势可能低开低走，可以考虑在拉大阳的当天尾

市果断出货。具体操作中,投资者要认真研究个股基本面和消息面,以顺势而为。

69. 无力回天

下降三法:行情持续向下,出现一根大阴线,随后多头展开防守反击,连拉三根向上的小阳线。然而,买方在这三天的上升行动中并未有太大获利,甚至无法弥补大阴线那一天中的损失。多方防守力量如此薄弱,自然会导致空头乘虚而入,于是顺理成章地形成了第二根大阴线,从而预示着股价将继续下滑。通常情况下,股价虽然连拉三阳但由于缺少筑底过程,故而随后可能仍将下跌,投资者一般应在第三天收阳时考虑出局,也可在第四天股价降至前一阳线开盘价之下时考虑退出。具体操作中,投资者要认真研究个股基本面和消息面,以求顺势而为。

70. 螳臂当车

超越切入线或奉承线:在下跌行情中收出切入线或是奉承线,股价发生短暂而微弱的反弹,次日又打穿此前阳线创出的短期底部,再创新低,这通常是股价将续跌的信号。此时,投资者可以考虑斩仓出局,以免损失更大。具体操作中,投资者要认真研究个股基本面和消息面,以提防主力骗线洗筹。

71. 一手遮天

跳高一字线后不补缺:一般受重大突发利好影响,股价跳高以涨停价开盘,并一直维持至收盘。第二天或高开高走,或高开后小幅回落,但仍留下第一天巨大缺口不予回补。此图形通常暗示多头上攻有力。但是,投资者应认真分析突发利好的实质内容,细心观察一字线出现后次日的股价走势,如空头确实无力回补缺口(即起码留下该缺口一半以上未能补完),即可追买介入,坐上顺风船。一般来说,如果是在中低档出现本 K 线组合,可以考虑顺势而为;而如果是在高档走出本 K 线组合,则要认真观察,小心为上,特别要提防主力借此形态骗线出货。

K线技术总结：

放量下跌要减仓，缩量新低是底象。

增量回升是关键，回头确认要进场。

新量新价有新高，缩量回调不必逃。

一根巨量要警惕，有价无量必须跑。

微信扫码添加同花顺陪伴官小顺

获取 71 张图表和更多图书增值服务

第二章

技术指标在同花顺中的运用

第一节 经典技术指标 MACD 形态分析

股价趋势是由各种形态所组成，有反转形态和持续形态，本章利用经典指标 MACD 的形态来捕捉股价高低点的技法，主要阐述的是反转形态。注意，这里指的是 MACD 指标中的红柱（涨）、绿柱（跌）形态，以双头、双底、头肩底、头肩顶这四种成功率极高的经典形态为主。

在同花顺软件 K 线图界面，敲出 MACD（使用默认参数）后，就可开始分析。

一、运用 MACD 指标的双底形态抄底

MACD 指标是趋势类指标，指标中的红柱、绿柱所反映的是股价运行趋势的强弱程度。MACD 指标的绿柱形成经典的双底形态，预示着股价即将见底，如果同时符合以下条件，表明抄底时机已到。

◆ 股价前期经过了大幅的下跌，风险得到有效释放。

◆ MACD 指标的绿柱形成明显的双底形态，二个绿柱底几乎是在同一水平线上。

◆　在第二个绿柱底处的成交量明显萎缩，表明做空力量已经衰竭，股价即将反转。

◆　当 MACD 指标形成金叉，同时股价放量上攻时，可果断买入。

如图 2-1 至图 2-3 所示：

图 2-1　双底形态

看图实战精要：

1.该股前期经过了两个波段的下跌，风险得到有效释放。

2.MACD 指标的绿柱形成明显的 1、2 双底形态，预示股价即将企稳。

3.在第二个绿柱底处的成交量明显萎缩，表明做空力量已经衰竭，股价将一触即发。

4.当 MACD 指标形成金叉，同时股价放量上攻时，可果断买入。

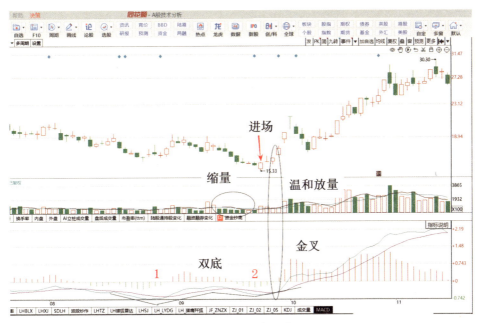

图 2-2　近双底形态

看图实战精要：

1. 该股前期经过了大幅的下跌，风险得到有效释放。

2. MACD 指标的绿柱形成明显的近双底形态，预示股价即将企稳。

3. 在第二个绿柱底处的成交量明显萎缩，表明做空力量已经衰竭，股价将一触即发反转。

4. 当 MACD 指标形成金叉，同时股价放量上攻时，可果断买入。

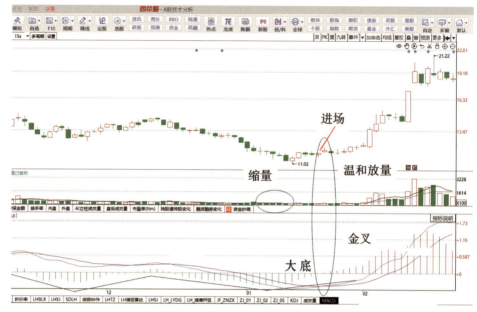

图 2-3　重合大底形态

看图实战精要：

1.该股前期经过了长期下跌，风险得到有效释放。

2.MACD 指标金叉前后形成明显的大底形态，预示股价即将企稳。

3.本图没有大量柱，此处的成交量没有放大，但价格已经上行，第二个底没有走出来，做空力量已经衰竭，股价形成反转之势。

4.当 MACD 指标形成金叉，同时股价已经放量上攻，可果断买入。

二、运用 MACD 指标的双顶形态逃顶

MACD 指标是趋势类指标，而 MACD 指标中的红柱、绿柱所反映的是股价运行趋势的强弱程度。MACD 指标的红柱形成经典的双顶形态，预示着股价即将见顶，如果同时符合以下条件，表明逃顶时机已到。

◆ 股价前期经过了大幅的上涨，获利盘将随时涌出，风险大幅提高。

◆ MACD 指标的红柱形成明显的双顶形态，二个红柱顶几乎是在同一水平线上。

◆ 在第二个红柱顶处的成交量明显萎缩，表明做多力量已经衰竭，股价将一触即溃。

◆ 当 MACD 指标形成死叉，同时股价下跌时，可迅速卖出，落袋为安。

如图 2-4 至图 2-6 所示：

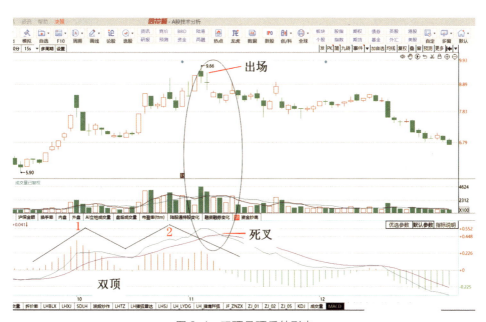

图 2-4 双顶见顶反转形态

看图实战精要：

1.该股前期经过了大幅的上涨，获利盘将随时涌出。

2.MACD 指标的红柱形成明显的双顶形态，预示股价即将见顶，不可恋战。

3.在第二个红柱顶处的成交量开始萎缩，表明做多力量已经衰竭，股价将一触即溃。

4.当MACD 指标形成死叉（有延迟），同时股价下跌时，可迅速卖出。

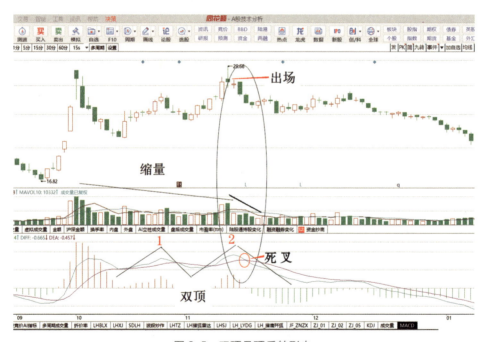

图 2-5　双顶见顶反转形态

看图实战精要：

1.该股前期经过了大幅的上涨，获利盘将随时涌出。

2.MACD 指标的红柱形成明显的双顶形态，预示股价即将见顶。

3.在第二个红柱顶处的成交量明显萎缩，表明做多力量已经衰竭，股价将一触即溃。

4. 当 MACD 指标形成死叉（有延迟），同时股价下跌时，可迅速卖出。

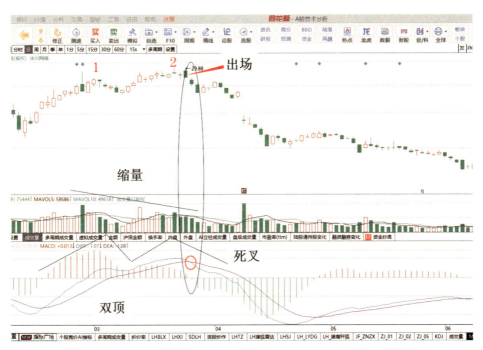

图 2-6 双顶见顶反转

看图实战精要：

1. 该股前期经过了两波大幅上涨，获利盘将随时涌出。

2. MACD 指标的红柱形成明显的双顶，预示股价即将见顶。

3. 在第二个红柱顶处的成交量冲高后下降，表明多方力量减弱，股价将触顶下跌。

4. 当 MACD 指标形成死叉（有延迟），同时股价下跌时，可迅速卖出。

三、运用 MACD 指标的头肩底形态抄底

头肩底形态在形态中属于非常重要的反转形态之一。MACD 指标的绿柱形成经典的头肩底形态，预示着股价即将见底，如果同时符合以下条件时，表明抄底时机已到。

◆ 股价前期经过了大幅的下跌，风险得到有效释放。

◆ MACD 指标的绿柱形成明显的头肩底形态，预示股价即将企稳。

◆ 在绿柱底右肩处的成交量明显萎缩，表明做空力量已经衰竭，股价将一触即发。

◆ 当 MACD 指标形成金叉，同时股价放量上攻时，可果断买入。

如图 2-7 至图 2-9 所示：

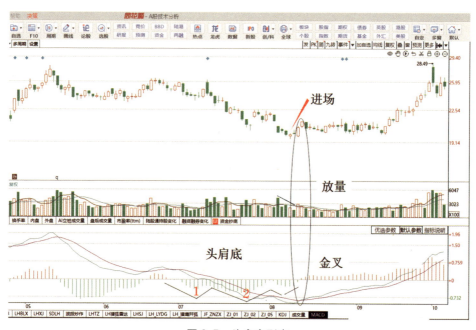

图 2-7 头肩底形态

看图实战精要（图 2-7）：

1. 该股前期经过了大幅的下跌，风险得到有效释放。

2. MACD 指标的绿柱形成明显的头肩底形态，预示股价即将企稳。

3. 在绿柱底右肩处的成交量明显萎缩，表明做空力量已经衰竭，股价将一触即发。

4. 当 MACD 指标形成金叉，同时股价放量上攻时，可果断买入。

图 2-8 头肩底形态

看图实战精要（图 2-8）：

1. 该股前期经过了长期下跌，风险得到有效释放。

2. MACD 指标的绿柱形成明显的头肩底形态，预示股价即将企稳。

3. 在绿柱底右肩处的成交量明显萎缩，表明做空力量已经衰竭，股价将一触即发。

4.当MACD指标形成金叉，同时股价放量上攻时，可果断买入。

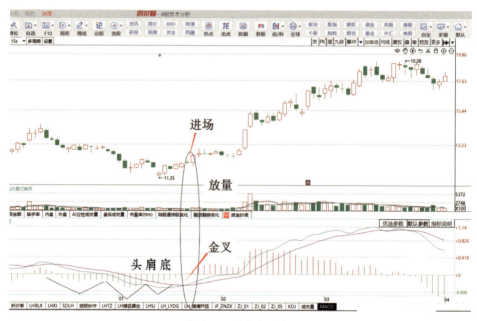

图2-9　头肩底形态

看图实战精要（图2-9）：

1.该股前期经过了长期下跌，风险得到有效释放。

2.MACD指标的绿柱形成明显的头肩底形态，预示股价即将企稳。

3.在绿柱底右肩处的成交量明显萎缩，表明做空力量已经衰竭，股价将一触即发。

4.当MACD指标形成金叉，同时股价放量上攻时，可果断买入。

四、运用 MACD 指标的头肩顶形态逃顶

头肩顶形态在形态中属于非常重要的反转形态之一。MACD 指标的红柱形成经典的头肩顶形态，预示着股价即将见顶，如果同时符合以下条件，表明逃顶时机已到。

◆ 股价前期经过了大幅的上涨，获利盘将随时涌出，风险大幅提高。

◆ MACD 指标的红柱形成明显的头肩顶形态，预示股价即将见顶。

◆ 在第二个红柱顶处的成交量明显萎缩，表明做多力量已经衰竭，股价将一触即溃。

◆ 当 MACD 指标形成死叉，同时股价下跌，可迅速卖出。

如图 2-10 至图 2-12 所示：

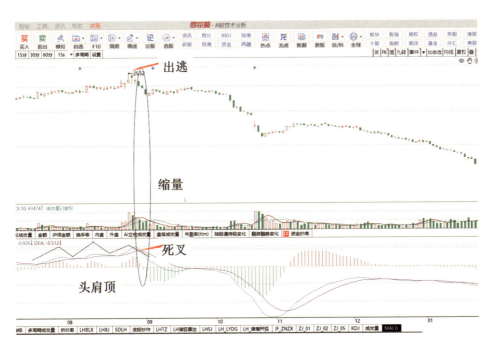

图 2-10　头肩顶形态

看图实战精要（图 2-10）：

1.该股前期经过了一段时间上涨，获利盘将随时涌出，风险大幅提高。

2.MACD 指标的红柱形成明显的头肩顶形态，预示股价即将见顶。

3.在第二个红柱顶处的成交量明显萎缩，表明做多力量已经衰竭，股价将一触即溃。

4.当 MACD 指标形成死叉（有延迟）前，同时股价下跌，可迅速卖出。

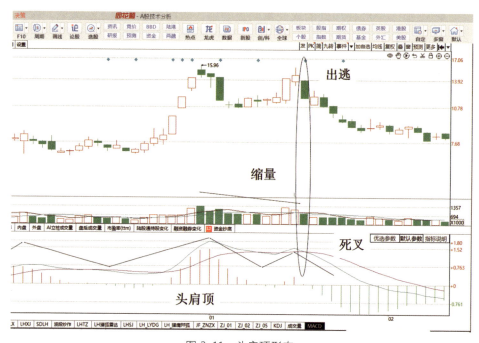

图 2-11　头肩顶形态

看图实战精要（图 2-11）：

1.该股前期经过了大幅的上涨，获利盘将随时涌出，风险大幅提高。

2.MACD 指标的红柱形成明显的头肩顶形态，预示股价即将见顶。

3.在第二个红柱顶处的成交量明显萎缩，表明做多力量已经衰竭，股价将一触即溃。

4.当MACD指标形成死叉，同时股价下跌，可迅速卖出。

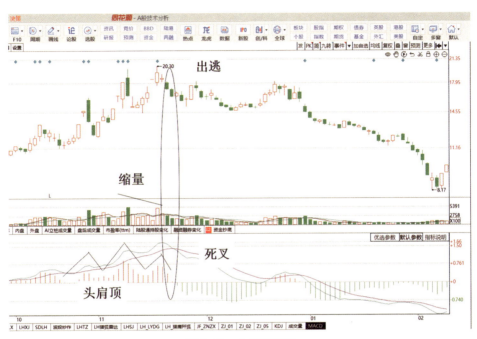

图2-12　头肩顶形态

看图实战精要（图2-12）：

1.该股前期经过了大幅的上涨，获利盘将随时涌出，风险大幅提高。

2.MACD指标的红柱形成明显的头肩顶形态，预示股价即将见顶。

3.在第二个红柱顶处的成交量明显萎缩，表明做多力量已经衰竭，股价将一触即溃。

4.当MACD指标形成死叉，同时股价下跌时，可迅速卖出。

五、运用同花顺"问财"快速选出标的股票

打开同花顺软件界面，点击"智能"按钮，打开"问财选股"，输入"MACD双底"，如图2-13所示。

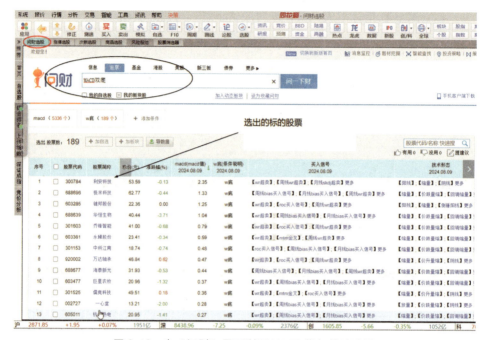

图 2-13 在"问财"界面利用 MACD 指标快速选股

其他利用 MACD 指标形态的选股方法，以此类推。

第二节 最常用的技术指标 KD 形态分析

最常用 KD 指标属于摆动类指标，波动区间在 0 ~ 100 之内，经常出现指标在超买超卖区间内钝化的现象，很多时候主力庄家利用这种特性来骗线。比如，为了吸筹而迅速拉高股价至 80 以上的超买区，引诱散户抛出筹码；反之，为了出货而打压股价至 20 以下的超卖区，诱骗散户逢低抢进。那么，有没有好的方法来发现这种陷阱呢？根据多年的实盘操作经验，我们发现利用 KD 指标的圆弧底和圆弧顶形态能很好地规避这种风险，抢在主力之前进行抄底逃顶。下面将详细进行讲解。

在同花顺软件 K 线图界面，敲出 KD（使用默认参数）后，就可开始分析。

一、运用 KD 指标的圆弧底形态抄底

KD 指标数值在 20 以下的超卖区形成经典的圆弧底形态，预示着股价即将见底，如果同时符合以下条件，表明抄底时机已到。

◆ 股价经过前期的大幅下跌后，逐渐企稳，股价处于胶着状态，多空暂时平衡。

◆ KD 指标在 20 以下的超卖区形成明显的圆弧底形态，预示着股价的底部逐渐形成。

◆ 成交量也呈现出明显圆弧底形态，表明做多力量在逐渐累积。

◆ 当 KD 指标的 K 线和 D 线都上穿 20 时，可及时买进。

如图 2-14 至图 2-16 所示。

看图实战精要（图 2-14）：

1. 该股经过前期的大幅下跌后，有企稳迹象。

2. KD 指标在 20 以下的超卖区形成明显的圆弧底形态，预示着股价的底部逐渐形成。

3. 成交量也呈现出明显圆弧底形态，表明做多力量在逐渐累积。

4. 当 KD 指标的 K 线和 D 线都上穿 20 时，可及时买进。

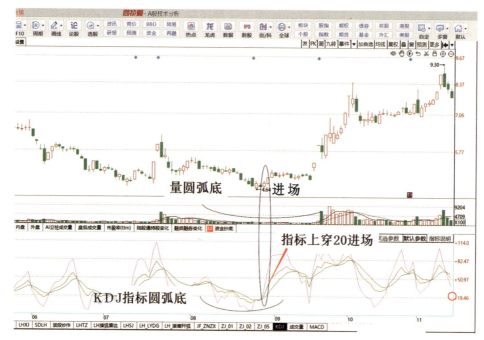

图 2-14　根据 KD 指标判断买入位置

看图实战精要（图 2-15）：

1.该股经过前期的大幅下跌后，有企稳迹象。

2.KD 指标在 20 以下的超卖区形成明显的圆弧底形态，预示着股价的底部逐渐形成。

3.成交量也呈现出明显的圆弧底形态，表明做多力量在逐渐累积。

4.当 KD 指标的 K 线和 D 线都上穿 20 时，可及时买进。

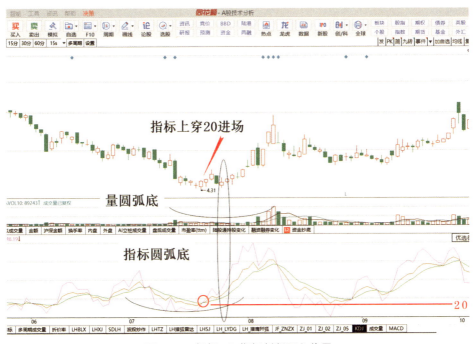

图 2-15　根据 KD 指标判断买入位置

看图实战精要（图 2-16）：

1. 该股经过前期的大幅下跌后，逐渐企稳。

2. KD 指标在 20 以下的超卖区形成明显的圆弧底形态，预示着股价的底部逐渐形成。

3. 成交量也呈现出明显圆弧底形态，表明做多力量在逐渐累积。

4. 当 KD 指标的 K 线和 D 线都上穿 20 时，可及时买进。

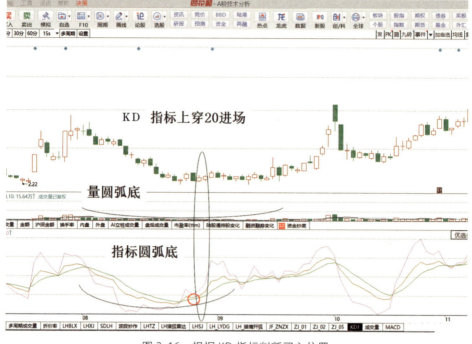

图 2-16　根据 KD 指标判断买入位置

二、运用 KD 指标的圆弧顶形态逃顶

KD 指标数值在 80 以上的超买区形成经典的圆弧顶形态，预示着股价即将见顶，如果同时符合以下条件，表明逃顶时机已到。

◆　股价经过前期的大幅上涨后，风险逐渐加大，股价处于胶着状态，多空暂时平衡。

◆　KD 指标在 80 以上的超买区形成明显的圆弧顶形态，预示着股价的顶部逐渐形成。

◆　成交量出现明显的巨量，甚至天量，表明主力趁市场人气旺盛出逃。

◆　当 KD 指标的 K 线和 D 线都下穿 80 时，可迅速卖出。

如图 2-17 至图 2-19 所示：

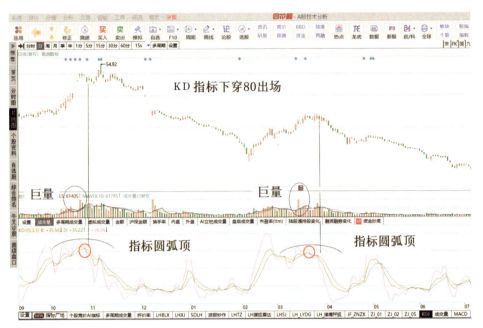

图 2-17　根据 KD 指标判断卖出位置

看图实战精要（图 2-17）：

1.该股经过前期的大幅上涨后，风险逐渐加大。

2.KD 指标在 80 以上的超买区形成明显的圆弧顶形态，预示着股价的顶部逐渐形成。

3.成交量出现明显的巨量，甚至天量，表明主力趁市场人气旺盛出逃。

4.当 KD 指标的 K 线和 D 线都下穿 80 时，可迅速卖出。

图 2-18　根据 KD 指标判断卖出位置

看图实战精要（图 2-18）：

1.该股经过前期的大幅上涨后，风险逐渐加大。

2.KD 指标在 80 以上的超买区形成明显的圆弧顶形态，预示着股价的顶部逐渐形成。

3.成交量出现明显的巨量，甚至天量，表明主力趁市场人气旺盛出逃。

4.当 KD 指标的 K 线和 D 线都下穿 80 时，可迅速卖出。

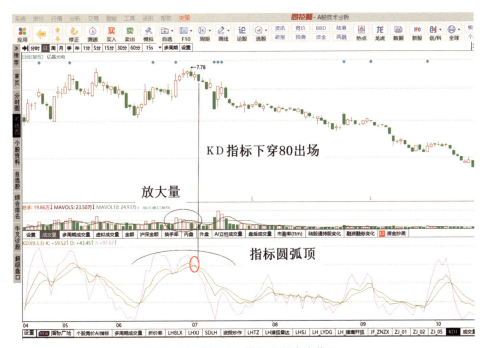

图 2-19　根据 KD 指标判断卖出位置

看图实战精要（图 2-19）：

1. 该股经过前期几次上涨后，风险逐渐加大。

2. KD 指标在 80 以上的超买区形成明显的圆弧顶形态，预示着股价的顶部逐渐形成。

3. 成交量出现明显的放大量，表明主力趁市场人气旺盛出逃。

4. 当 KD 指标的 K 线和 D 线都下穿 80 时，可迅速卖出。

三、运用同花顺"问财"快速选出标的股票

打开同花顺软件,点击"智能"按钮,打开"问财选股",输入"KD圆弧底",如下图2-20所示。

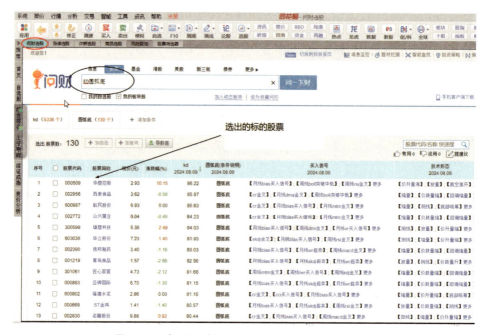

图 2-20　在"问财"界面利用 KD 圆弧底快速选股

其他利用 KD 形态的选股方法,以此类推。

第三节　最佳震荡指标 BIAS 形态分析

　　BIAS 指标的中文名称是"乖离率"指标，它是非常适合做震荡行情的指标之一。BIAS 指标指的是股价与移动平均线之间的差离值，它始终围绕着 0 轴线上下波动，其波动范围理论上是从无限小到无限大。BIAS 指标的含义为当下股价距离 N 日移动平均线之间的获利或亏损的比例。正的乖离率愈大，表示短期获利愈大，则获利回吐的可能性愈高。负的乖离率愈大，表示短期浮亏套牢的可能性愈大，则空头回补的可能性愈高。本技法的 BIAS 指标是由 6 日 BIAS 和 12 日 BIAS 组成，当 BIAS 指标形成尖底或尖顶形态时，预示着股价将形成短期的底部或头部，下面进行详细讲解。

　　在同花顺软件 K 线图界面，敲出 BIAS（使用默认参数）后，就可进行分析。

一、运用 BIAS 指标的尖底形态抄底

　　BIAS 指标数值在 −10 以下形成经典的尖底形态，预示着股价短期即将见底，如果同时符合以下条件，表明抄底时机已到。

◆ 股价经过前期的快速下跌后，风险得到有效释放。

◆ BIAS 指标在 −10 以下形成明显的尖底形态，预示着股价短期底部的形成。

◆ 成交量缓慢放大，表明做多力量逐渐累积。

◆ 当 BIAS 指标的 6 日 BIAS 和 12 日 BIAS 都上穿 −10 时，可及时买进。

　　如图 2−21 至图 2−23 所示：

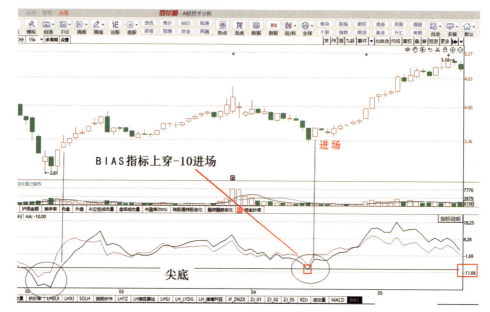

图 2-21 根据 BIAS 指标判断抄底位置

看图实战精要：

1.该股经过前期的快速下跌后，风险得到有效释放。

2.BIAS 指标在 –10 以下形成明显的尖底形态，预示着股价短期底部的形成。

3.成交量缓慢放大，表明做多力量逐渐累积。

4.当 BIAS 指标的 6 日 BIAS 和 12 日 BIAS 都上穿 –10 时，可及时买进。

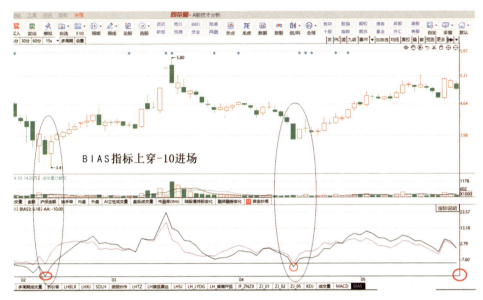

图 2-22 根据 BIAS 指标判断抄底位置

看图实战精要：

1. 该股经过前期的快速下跌后，风险得到有效释放。

2. BIAS 指标在 –10 以下形成明显的尖底形态，预示着股价短期底部的形成。

3. 观察成交量指标，如果放大量或多头排列，都意味着要上涨。

4. 当 BIAS 指标的 6 日 BIAS 和 12 日 BIAS 都上穿 –10 时，可及时买进。

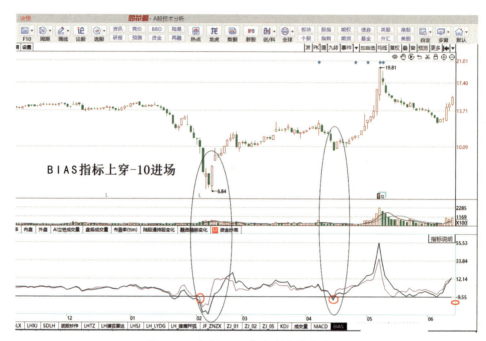

图 2-23　根据 BIAS 指标判断抄底位置

看图实战精要:

1.该股经过前期的快速下跌后,风险得到有效释放。

2.BIAS 指标在 –10 以下形成明显的尖底形态,预示着股价短期底部的形成。

3.成交量缓慢放大,表明做多力量开始积聚。

4.当 BIAS 指标的 6 日 BIAS 和 12 日 BIAS 都上穿 –10 时,可及时买进。

二、运用 BIAS 指标的尖顶形态逃顶

BIAS 指标数值在 20 以上形成经典的尖顶形态,预示着股价短期即将见顶,如果同时符合以下条件,表明逃顶时机已到。

◆ 股价经过前期的快速上涨后,风险逐渐加大,股价将随时下跌。

◆ BIAS 指标在 20 以上形成明显的尖顶形态,预示着股价短期顶部的形成。

◆ 成交量放出巨量，表明主力趁市场人气旺盛出逃。

◆ 当 BIAS 指标的 6 日 BIAS 和 12 日 BIAS 都下穿 20 时，可迅速卖出。

如图 2-24 至图 2-26 所示：

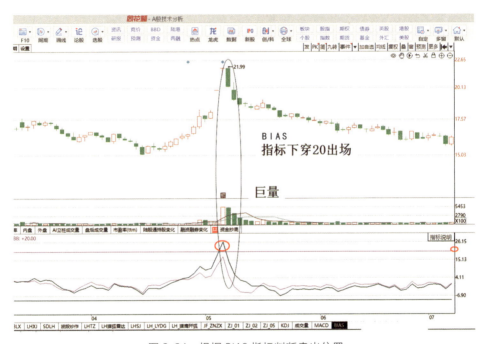

图 2-24　根据 BIAS 指标判断卖出位置

看图实战精要：

1.该股经过前期的快速上涨后，风险逐渐加大，股价将随时下跌。

2.BIAS 指标在 20 以上形成明显的尖顶形态，预示着股价短期顶部的形成。

3.成交量放出巨量，表明主力趁市场人气旺盛出逃。

4.当 BIAS 指标的 6 日 BIAS 和 12 日 BIAS 都下穿 20 时，可迅速卖出。

图 2-25　根据 BIAS 指标判断卖出位置

看图实战精要：

1. 该股经过前期的快速上涨后，风险逐渐加大，股价将随时下跌。

2. BIAS 指标在 20 以上形成明显的尖顶形态，预示着股价短期顶部的形成。

3. 成交量放出巨量，表明主力趁市场人气旺盛出逃。

4. 当 BIAS 指标的 6 日 BIAS 和 12 日 BIAS 都下穿 20 时，可迅速卖出。

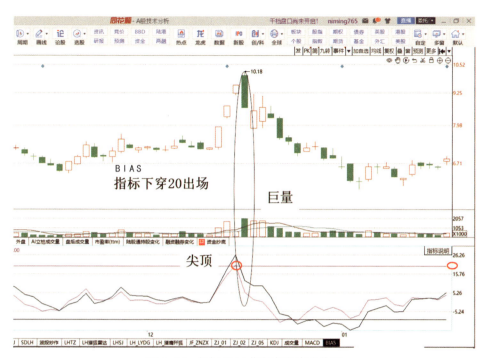

图 2-26　根据 BIAS 指标判断卖出位置

看图实战精要：

1.该股经过前期的快速上涨后，风险逐渐加大，股价将随时下跌。

2.BIAS 指标在 20 以上形成明显的尖顶形态，预示着股价短期顶部的形成。

3.成交量放出巨量，表明主力趁市场人气旺盛出逃。

4.当 BIAS 指标的 6 日 BIAS 和 12 日 BIAS 都下穿 20 时，可迅速卖出。

三、运用同花顺"问财"快速选出标的股票

打开同花顺，点击"智能"按钮，打开"问财选股"，输入"BIAS 尖底"，如下图 2-27 所示；

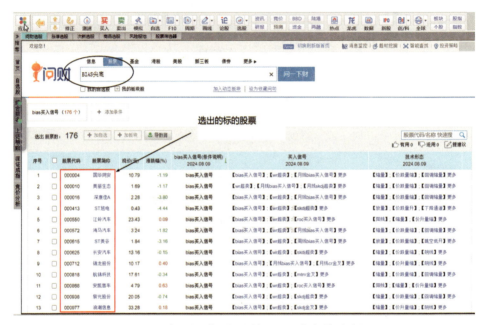

图 2-27　在"问财"界面利用 BIAS 指标快速选股

其他利用 BIAS 形态的选股方法，以此类推。

第四节　最有价值的支撑压力指标 BOLL 形态分析

BOLL 指标中文名为"布林带指标"，属于通道型指标，是金融市场上使用率非常高的指标之一。它比一般通道型指标更具优势，不仅因为其具有支撑压力的作用，而且它还具有计算波动率的功能，对于判断股价的波段底部和顶部有着独特的功效。本小节将针对在日常操盘中如何使用 BOLL 指标抄底逃顶的技法进行详细讲解。

一、运用 BOLL 指标的形态抄底

在同花顺软件中调出 BOLL 指标，其参数设置为 26.2。

BOLL 指标的方向向下而且股价也同步向下，第一波最好不触碰 BOLL 指标的下轨线，关键是第二波下跌时没有跌破下轨线，这预示着股价波段即将见底，如果同时符合以下条件，表明抄底时机已到。

在同花顺软件 K 线图界面，敲出 BOLL（使用默认参数），就可开始分析。

注意：使用该指标时，要满足以下条件，越充分越有效。

◆ 股价经过前期的大幅下跌后，风险得到有效释放。

◆ 股价第一波下跌时，最好不触碰 BOLL 指标的下轨线（触碰也没关系），关键第二波下跌时没有跌破 BOLL 指标的下轨线，预示着股价短期底部即将形成。

◆ 成交量逐渐放大，表明做多力量逐渐累积。

◆ 当股价放量上攻时，可及时买进。

如图 2-28 至图 2-30 所示：

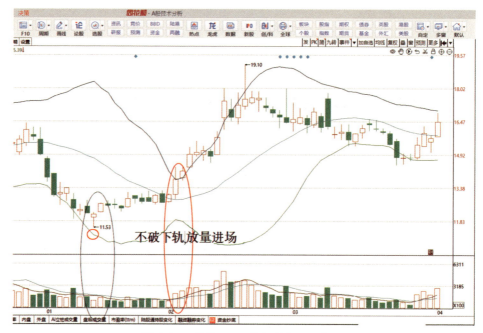

图 2-28　根据 BOLL 指标判断买入位置

看图实战精要：

1. 该股经过前期的大幅下跌后，风险得到有效释放。

2. 股价第一波下跌时，跌破了 BOLL 指标的下轨线，但第二波下跌时却不跌破 BOLL 指标的下轨线，预示着股价短期底部即将形成。

3. 成交量明显放大，表明做多力量开始爆发。

4. 当股价放量上攻时，可及时买进。

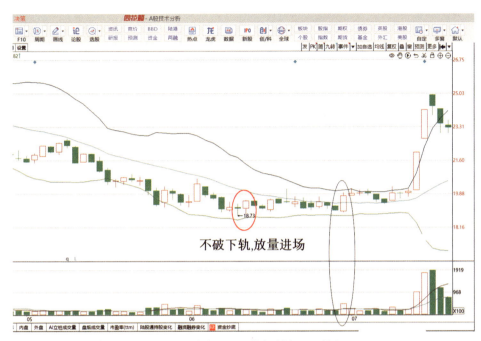

图 2-29　根据 BOLL 指标判断买入位置

看图实战精要：

1.该股经过前期的大幅下跌后，风险得到有效释放。

2.股价第一波下跌时，贴近 BOLL 指标的下轨线，但第二波下跌时却不跌破 BOLL 指标的下轨线，预示着股价短期底部即将形成。

3.成交量逐渐放大，表明做多力量逐渐累积。

4.当股价放量上攻时，可及时买进。

图 2-30　根据 BOLL 指标判断买入位置

看图实战精要：

1.该股经过前期的大幅下跌后，风险得到有效释放。

2.股价第一波下跌时，跌破了 BOLL 指标的下轨线，但第二波下跌时却不跌破 BOLL 指标的下轨线，预示着股价短期底部即将形成。

3.成交量逐渐放大，表明做多力量逐渐累积。

4.当股价放量上攻时，可及时买进。

二、运用 BOLL 指标的形态逃顶

BOLL 指标的方向向上，第一波股价也同步向上，第二波上涨时没有突破 BOLL 指标的上轨线，预示着股价波段即将见顶，如果同时符合以下条件，表明逃顶时机已到。

◆　股价经过前期的大幅上涨后，风险大幅提高。

◆　股价第一波上涨时，突破了 BOLL 指标的上轨线，但第二波上涨时却没有突破 BOLL 指标的上轨线，预示着股价短期顶部即将形成。

◆　成交量逐渐萎缩，表明高位承接盘和追高盘的意愿降低，有主力资金出逃迹象。

◆　当股价放量下跌时，可迅速卖出。

如图 2-31 至图 2-33 所示：

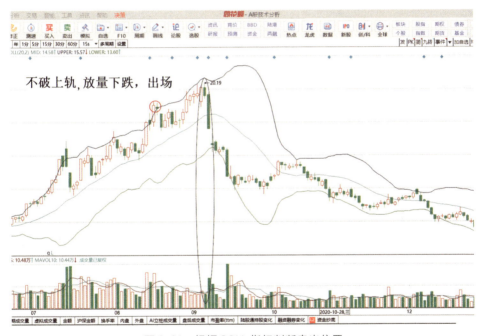

图 2-31　根据 BOLL 指标判断卖出位置

看图实战精要（图 2-31）：

1. 该股经过前期的大幅上涨后，风险大幅提高。

2. 股价第一波上涨时，突破了 BOLL 指标的上轨线，但第二波上涨时却没有突破 BOLL 指标的上轨线，预示着股价短期顶部即将形成。

3. 成交量逐渐萎缩，表明高位承接盘和追高盘的意愿降低，有主力资金出逃迹象。

4. 当股价放量下跌时，可迅速卖出。

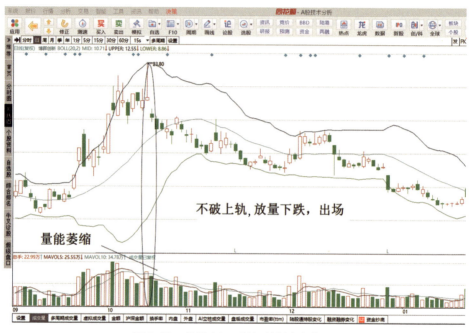

图 2-32　根据 BOLL 指标判断卖出位置

看图实战精要（图 2-32）：

1. 该股经过前期的大幅上涨后，风险大幅提高。

2. 股价第一波上涨时，突破了 BOLL 指标的上轨线，但第二波上涨时却没有突破 BOLL 指标的上轨线，预示着股价短期顶部即将形成。

3. 成交量逐渐萎缩，表明高位承接盘和追高盘的意愿降低，有主力资金出逃迹象。

4. 当股价放量下跌时，可迅速卖出。

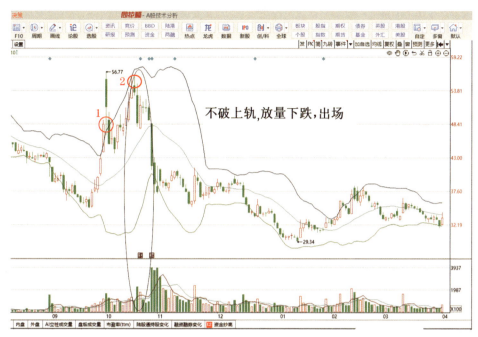

图 2-33　根据 BOLL 指标判断卖出位置

看图实战精要（图 2-33）：

1. 该股经过前期的大幅上涨后，风险大幅提高。

2. 股价第一波上涨时，突破了 BOLL 指标的上轨线，但第二波上涨时却没有突破 BOLL 指标的上轨线，预示着股价短期顶部即将形成。

3. 成交量逐渐萎缩，表明高位承接盘和追高盘的意愿降低，有主力资金出逃迹象。

4. 当股价放量下跌时，可迅速卖出。

三、运用同花顺"问财"快速选出标的股票

打开同花顺软件点击"智能"按钮，打开"问财选股"界面，输入"BOLL 突破上轨"，如下图 2-24 所示；

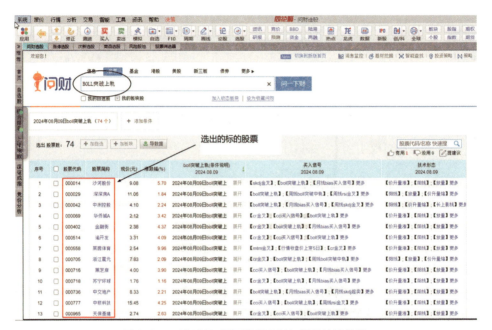

图 2-34　"问财"界面利用 BOLL 指标快速选股

其他利用 BOLL 形态的选股方法，以此类推。

微信扫码添加同花顺陪伴官小顺
获取更多图书增值服务

第五节　兼具震荡和强弱功能的 RSI 指标形态分析

RSI 指标是相对强弱指标，还兼具摆动型指标的特性，它和 KD 指标数值都是在 0 ~ 100 区间内。RSI 指标围绕着 50 中轴线上下波动，也经常在超买区（80以上）、超卖区（20 以下）形成钝化现象。根据我们长期实践，当 RSI 指标（参数设置为 12.6）在超买、超卖区间形成经典的双底和双顶形态，可分别发挥 RSI 指标抄底、逃顶的功能，下面进行详细的讲解。

在同花顺软件 K 线图界面，敲出 RSI（使用参数 12.6）后，就可开始分析。

一、运用 RSI 指标的双底形态抄底

RSI 指标数值在 20 以下的超卖区形成经典的双底形态，预示着股价即将见底，如果同时符合以下条件，表明抄底时机已到。

◆ 股价经过前期的大幅下跌后，风险得到释放。

◆ RSI 指标在 20 以下的超卖区形成明显的双底形态，预示着股价底部的形成。

◆ 成交量在第二个底部时明显萎缩，表明做空力量已经衰竭。

◆ 当 RSI 指标的 6 日 RSI 和 12 日 RSI 都上穿 20 时，可及时买进。

◆ 股价上攻时，成交量明显放大。

如图 2-35 至图 2-37 所示：

图 2-35　根据 RSI 指标判断买入位置

看图实战精要：

1.该股经过前期的大幅下跌后，风险得到释放。

2.RSI 指标在 20 以下的超卖区形成明显的双底形态，预示着股价底部的形成。

3.成交量在第二个底部时明显萎缩，表明做空力量已经衰竭。

4.当 RSI 指标的 6 日 RSI 和 12 日 RSI 都上穿 20 时，可及时买进。

5.股价上攻时，成交量明显放大。

图 2-36 根据 RSI 指标判断买入位置

看图实战精要：

1.该股经过前期的一翻下跌后，风险得到释放。

2.RSI 指标在 20 以下的超卖区形成明显的双底形态，预示着股价底部的形成。

3.成交量在第二个底部时明显萎缩，表明做空力量已经衰竭。

4.当 RSI 指标的 6 日 RSI 和 12 日 RSI 都上穿 20 时，可及时买进。

5.股价上攻时，成交量明显放大。

图 2-37 根据 RSI 指标判断买入位置

看图实战精要：

1. 该股经过前期的长期下跌后，风险得到释放。

2. RSI 指标在 20 以下的超卖区形成明显的双底形态，预示着股价底部的形成。

3. 成交量在第二个底部时明显萎缩，表明做空力量已经衰竭。

4. 当 RSI 指标的 6 日 RSI 和 12 日 RSI 都上穿 20 时，可及时买进。

5. 股价上攻时，成交量明显放大。

二、运用 RSI 指标的双顶形态逃顶

RSI 指标数值在 80 以上的超买区形成经典的双顶形态，预示着股价即将

见顶，如果同时符合以下条件时，表明逃顶时机已到。

◆ 股价经过前期的大幅上涨后，风险大幅增加。

◆ RSI 指标在 80 以上的超买区形成明显的双顶形态，预示着股价顶部的形成。

◆ 成交量在第二个顶部时明显萎缩，表明主力做多意愿降低，随时将反手做空。

◆ 当 RSI 指标的 6 日 RSI 和 12 日 RSI 都下穿 80 时，可迅速卖出。

如图 2-38 至图 2-40 所示：

图 2-38　根据 RSI 指标判断卖出位置

看图实战精要（图 2-38）：

1.该股经过前期的大幅上涨后，风险大幅增加。

2.RSI 指标在 80 以上的超买区形成明显的双顶形态，预示着股价顶部的形成。

3.成交量在第二个顶部时明显萎缩，表明主力做多意愿降低，随时将反手做空。

4.当 RSI 指标的 6 日 RSI 和 12 日 RSI 都下穿 80 时，可迅速卖出。

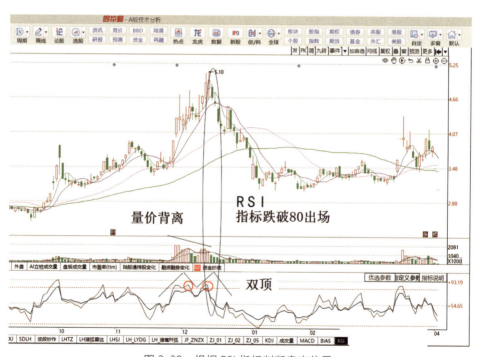

图 2-39　根据 RSI 指标判断卖出位置

看图实战精要（图 2-39）：

1.该股经过前期的大幅上涨后，风险大幅增加。

2.RSI 指标在 80 以上的超买区形成明显的双顶形态，预示着股价顶部的形成。

3. 成交量在第二个顶部时明显萎缩，表明主力做多意愿降低，随时将反手做空。

4. 当 RSI 指标的 6 日 RSI 和 12 日 RSI 都下穿 80 时，可迅速卖出。

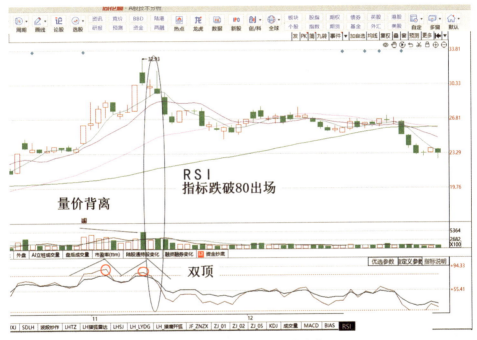

图 2-40　根据 RSI 指标判断卖出位置

看图实战精要（图 2-40）：

1. 该股经过前期的大幅上涨后，风险大幅增加。

2. RSI 指标在 80 以上的超买区形成明显的双顶形态，预示着股价顶部的形成。

3. 成交量在第二个顶部时明显萎缩，表明主力做多意愿降低，随时将反手做空。

4. 当 RSI 指标的 6 日 RSI 和 12 日 RSI 都下穿 80 时，可迅速卖出。

三、运用同花顺"问财"快速选出标的股票

打开同花顺软件，点击"智能"按钮，打开"问财选股"界面，输入"RSI 双底"，如下图 2-41 所示；

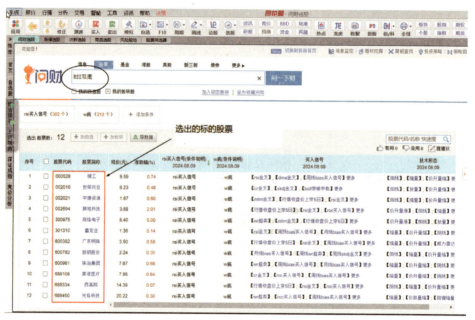

图 2-41   "问财"界面利用 RSI 双底快速选股

其他利用 RSI 形态的选股方法，以此类推。

第三章

利用经典技术指标组合选股

第一节 "双剑合璧"形态组合

根据我们多年的跟踪观察及实盘操作，"双剑合璧"形态具有较高的应用效果，如能熟练灵活运用其搭配方法，你在股市中就可能成为胜利者。应用方法是：MACD、MA 两种指标信号，相互验证统一，达到双剑合璧，此时做决策就比较稳妥。反之，应谨慎做决定。

在同花顺软件 K 线图界面，敲出 MACD 和 MA 指标后（使用默认参数），就可以开始分析。

一、"拔地而起"形态

（一）形态特征

1. 在股市实战中，经常发现 DIF 线和 DEA 线靠得很近或黏合在一起，其差值几乎为零，此时可重点关注，但不可过早做出买卖决定，因为后市仍然存在许多变数，待方向明朗后再果断出击。根据其所处的位置高低，分三种情况：

（1）在低位发生黏合或走平。这种现象的出现，多数是市场经过一轮下跌后，空方力量耗尽，庄家进场收集筹码，采取打压或压箱顶吸货，DIF线和DEA线黏合在一起（或其差值接近于零，黏合时间越长，后市上涨力度就越大）。一旦DIF线向上脱离DEA线，就可以大胆买入，一般收益丰厚。

（2）在中途发生黏合（0轴上下）或走平。在沪深两市经常看到这样的个股，行情经过一轮小幅上涨后，DIF线和DEA线在中途（0轴上下）黏成一条线（黏合时间越长，距离0轴越近，后市涨幅就越大）。突然有一天DIF线发力上攻，脱离DEA线，此时就是买入的最好时机。这多数是横盘市庄家控筹或压箱顶吸货形成的。

（3）在高位发生黏合或走平。这种情况大多是经过一轮上升行情后，多方后续能量不足，庄家在高位构筑平台出货，DIF线和DEA线产生黏合或走平。如果某日DIF线向下脱离DEA线的黏合，此时应坚决卖出。

2. 在股市操作中，均线系统的短、中、长线也经常出现黏合现象，这同MACD指标出现的黏合情况是一致的，根据其位置高低，也可分三种情况：

（1）在低位出现黏合或走平。股价经过一轮下跌后，在低位进行盘整，庄家进场建仓，或压箱顶吸取廉价筹码，使5日、10日、30日均线（MA）在底部黏合或走平（时间越长，黏合越紧，后市上涨空间就越大）。如果某一天5日均线脱离黏合开始向上，10日、30日均线尾随其后跟上，这表明有一个中级大底出现，这时可以及时跟进，做一波中级行情。

（2）均线（MA）系统在中途黏合或走平。行情经过一轮涨升后，庄家开始洗盘或回抽，股价回调，5日、10日、30日均线黏合或走平（这种情况持续时间不宜过长，这与其他几种现象有所区别），呈水平横盘或略向上趋势，一旦5日均线发力上攻脱离黏合状态，表明第二轮拉升开始。未赶上第一轮拉升的投资者，这时可以介入，出色地做一轮短线行情，大多数收益在20%以上。

（3）在高位黏合或走平。行情经过一轮上涨后，股价上档遇到强大压力或已达到庄家的预估价位，在高位形成平台区，5日、10日、30日均线黏合在一起，当5日均线向下破位时，此时是卖出的最后时机。

3.股价在低位，当MACD和MA同时向上突破，当日成交量大于前一日成交量和5日成交均量，5日成交均量大于10日成交均量，此为做多信号。股价在中位，当MACD和MA同时向上突破，萎缩后的成交量再度放大，当日成交量大于前一日成交量和5日成交均量，5日成交均量大于10日成交均量，这也是做多信号（如果MACD和均线同时出现向下破位，成交量出现萎缩或价跌量增，此为做空信号）。股价在高位，当MACD和MA同时向下破位，成交量出现萎缩或价跌量增态势，此为做空信号。

（二）形态含义

这组信号在底部出现，表明庄家吸货结束，即将展开一轮上涨行情。这组信号在中途出现，表明庄家洗盘结束，即将进入主升行情。这组信号在高位出现时，表明庄家逢高派发筹码，股价欲涨无力，行情即将进入调整阶段。在相同位置（低、中、高）出现同步（相差一两天属正常）买卖信号时，其准确率达到90%以上，投资者可在其中找到更多的机会。此组信号判底测顶均可。

（三）案例实战精要

如图3-1所示：

亚宝药业（600351）股价长时间在底部盘整，人气涣散，股性沉寂，庄家采取压箱顶的方法，吸取廉价筹码。这时，DIF线和DEA线在底部黏合在一起，三条移动平均线的差值十分接近，成交量缩至地量水平，交投极度低迷。这种现象预示着行情即将有所突破，投资者应密切关注其盘面变化。当年11月7日，DIF线脱离DEA线的黏合出现明显上攻势头，两条指标线的距离开始拉大，DEA线缓缓向上移动。5日移动平均线脱离黏合调头向上，10日、30日移动

图 3-1 亚宝药业"拔地而起"向上突破的形态

平均线随之向上移动，均线多头向上发散。成交量放大，当日成交量大于前一日成交量和 5 日成交均量，5 日成交均量大于 10 日成交均量。上述信号相互验证统一，符合"拔地而起"底部向上突破的特征，构成理想的买入点，其后股价涨势如虹，累计升幅巨大。

如图 3-2 所示：

广晟有色（600259）股价经过调整后，在底部企稳，DIF 线从低位向上金叉 DEA 线，庄家一边向上推升股价一边进行洗盘，底部逐步抬高，DIF 线和 DEA 线在中途（0 轴附近）产生黏合。这时均线系统也呈黏合状态，成交量稍加放大后又大幅萎缩，市场人气清淡，似乎被人有意弃之一旁。其实，此时只是短暂的平静，股价随时有可能破局，加速上扬。投资者这时应多加留意，方向一旦明朗，应立即行动。当年 7 月 22 日，DIF 线发力向上，脱离与 DEA 线

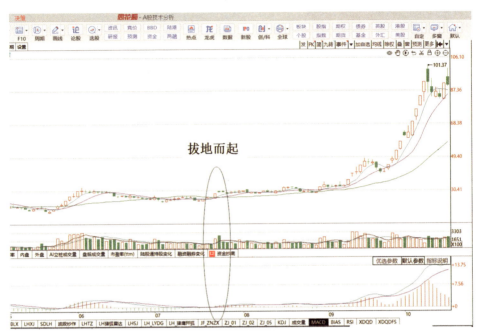

图 3-2　广晟有色 "拔地而起" 向上突破的形态

的黏合，MACD 指标红柱加长。与此同时，5 日均线也随之上行，10 日均线和 30 日均线紧随其后，形成多头排列。成交量明显放大，当日成交量 36724 手大于 5 日均量 16088 手，5 日均量大于 10 日均量 12418 手。上述信号相互验证一致，符合 "拔地而起" 中途向上突破的特征，从而判定此时为最佳买入点，之后该股一路振荡向上，股价翻了两倍多。

如图 3-3 所示反面例子：

天府文旅（000558）股价从底部启动后，经过两波幅度较大的炒作，股价上涨接近 3 倍，这时庄家派发意愿十分强烈。MACD 指标在高价位区出现走平和黏合状态，MACD 指标红柱逐步缩小（MACD 与股价已出现顶背离）。此时 5 日均线已经死叉 10 日均线，5 日、10 日均线逐渐向 30 日均线靠拢，均线间的差值十分接近，表明上涨乏力。

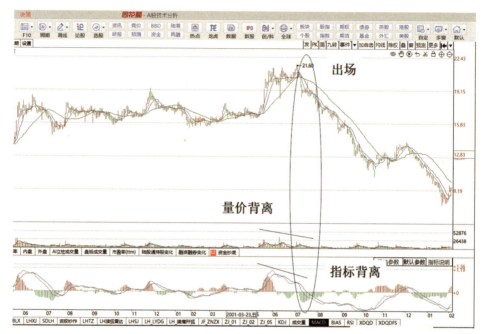

图 3-3 天府文旅均线向下空头排列形态

成交量方面，能量开始逐步萎缩，5 日均线处于 10 日均线之下多日，说明后续能量不足。这时应当引起投资者的高度警惕，一旦有风吹草动，应立即撤退，切勿存有侥幸心理。随后，DIF 线向下脱离 DEA 线，均线系统向下发散，呈现空头排列，成交量呈价跌量增态势，据此可判断卖出信号出现，之后股价出现下调。

二、"空中隧道"形态

（一）形态特征

1.DIF 线与 DEA 线金叉后，随股价的上行而上升，而后随股价的回调而下降。当主力洗盘时，股价回调，DIF 线回调到 DEA 线附近时，DIF 线反转向上，继续爬升，便形成了"空中隧道"形态。这时，MACD 指标的红柱缩短后再加长。

2.5 日均线与 10 日均线金叉后向上运行，因主力洗盘而股价回调，5 日均线向下回落，当即将回调到 10 日均线附近时（或死叉后快速金叉），擦边而过，5 日均线反转向上，10 日均线和 30 日均线继续向上移动，形成多头排列。

3.5 日均线金叉 10 日均线后，随股价上涨而上升，而后随股价的回调而 5 日均线下降。当主力洗盘时，股价回调，而 5 日均线回调到 10 日均线附近时（或死叉后快速金叉），5 日均线反转向上，也形成了"空中隧道"形态，继续向上升高。

（二）形态含义

这组信号的形成多为庄家洗盘所致，就是为了日后更好地拉升股价减少阻力。一旦发现这组信号，无论如何也是要杀进去的。因为庄家即将发动主升行情，这时杀进去可以尽情地享受一下坐轿子的惬意。其买入点是"空中隧道"形成时，此信号判底测顶均可。

（三）案例实战精要

如图 3-4 所示：

图 3-4　荣安地产"空中隧道"走势

荣安地产（000517）股价在底部运行一段时间后，庄家发力向上突破箱形整理区，MACD 和 MA 也随之而上，成交量放大，价量配合理想。随后开始打压洗盘（也可理解为突破后的回调确认），股价回落，DIF 线回至 DEA 线附近，5 日均线向下调头与 10 日均线黏合，成交量随之萎缩。行情运行到此时，投资者很难做出判断。没几日，DIF 线反转而上，远离 DEA 线，上升速度开始加快，角度变得陡峭起来，DEA 线继续呈上升态势。这时的 5 日均线脱离 10 日均线，10 日、30 日均线继续上扬，大有加速之势。再来看看成交量变化，当日成交量大于前一日成交量和 5 日均量，5 日均量大于 10 日均量，表明有增量资金介入。将上述指标组合起来，构成一个完美的"空中隧道"信号，预示一轮涨升行情的出现，投资者应及时杀进（或追高买入）。之后，该股出现飙升行情，短期获利十分丰厚。

三、"点到即止"形态

（一）形态特征

1.DIF 线与 DEA 线在底部金叉后，继续向上延伸，MACD 指标红柱增长，形成多头行情。不久，DIF 线回落与 DEA 线黏合在一起，MACD 指标红柱消失。持续几个交易日后，DIF 线向上脱离与 DEA 线的黏合，MACD 指标红柱再次出现且逐日加长，形成"点到即止"形态，此为买入或加仓信号。

2. 向上的 5 日均线随股价回调而转为向下运行，并死叉 10 日均线（不死叉 30 日均线为佳），10 日均线出现走平或略显下行态势，30 日均线一如既往地向上移动。没几日，5 日均线向上金叉 10 日均线，10 日均线也随之出现上行，在图形上出现"点到即止"形态，短期均线呈多头排列，这也是买入信号。

3. 成交量萎缩后再度放大，5 日均量大于 10 日均量。也就是说 5 日均线死叉 10 日均线后，又快速金叉 10 日均线，在图形上也呈"点到即止"形态。

这说明股价的上涨有成交量积极放大的配合,呈现典型的价升量增的多头攻势。此时,继续持股或利用股价的短暂回档之机加码买进,将有短线获利机会,因为庄家介入的资金一时难以顺利撤退。

(二)形态含义

"点到即止"意味着股价已探明底部,对一些个股来说,行情转入强势后,股价会在上升途中作短暂的洗盘休整,往往略微触及支撑线后,便迅速企稳回升,呈现强势上攻形态。此时,持仓者应持股待涨,持币者应果断介入。其买入点就是"点到即止"形成时跟进,此组信号既可判底,又可测顶。

(三)案例实战精要

如图 3-5 所示:

中源协和(600645)的股价在底部经过长时间的横盘整理,庄家吸足廉价

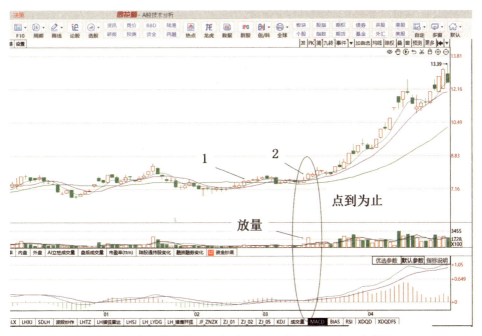

图 3-5　中源协和出现"点到即止"形态后走出上升大趋势

筹码后，在 1 处发动一轮上升行情。当股价涨幅达到 20% 左右时，庄家开始凶猛地震仓洗盘，一连收出几根阴线。DIF 线掉头向下碰触 MACD 线，5 日均线向下与 10 日均线形成死叉，10 日均线也出现向下走势，成交量开始大幅萎缩。一轮十分完美的上升态势遭到破坏，行情似乎出现一些微妙变化，多空分歧明显加大，后市是好是坏难以定夺，于是一些短期投资者的观念产生了动摇，纷纷把筹码抛了出去，留下坚定不抛售的投资者。

多个交易日后，DIF 线向上脱离与 DEA 线的黏合，2 处上升坡度日趋加大，MACD 指标红柱出现并逐日增长。5 日均线与 10 日均线形成金叉，10 日均线也重新开始上移，30 日均线保持原来的上升态势。成交量再度放大，5 日均量大于 10 日均量。

上述这些指标都符合"点到为止"形态，表明在 2 处庄家的洗盘行为全面结束，后市行情充满乐观。遇到这样的信号组合，投资者应坚决买进（或追高而入）。之后，该股出现飙升行情，短期股价几近翻番。

四、"鸳鸯戏水"形态

（一）形态特征

1.DIF 线和 DEA 线在底部形成金叉并上穿 0 轴，其后随股价回调，DIF 线向下死叉 MACD 线，但不破 0 轴，在 MACD 线之下作短暂（一般为 10 个交易日左右）停留后，再次金叉 DEA 线，上升夹角增大。MACD 指标绿柱变红柱，并逐日加长。在图形上出现"鸳鸯戏水"形态，此为买入信号。

2.原来向上的 5 日均线转为向下，并与 10 日均线形成死叉（或再度与 30 日均线形成死叉后，又快速金叉 30 日均线）。10 日均线调头向下接近 30 日均线，但不破 30 日均线。30 日均线几乎沿原角度上升。几天后，5 日均线在 30 日均线上方又与 10 日均线形成金叉，10 日均线重新上翘。在图形上出现"鸳鸯戏水"形态，这也是买入信号。

3.成交量萎缩后再度放大，5日均量大于10日均量，也就是说5日均线金叉10日均线，说明股价的上涨有成交量积极放大的配合，呈现典型的价升量增的多头攻势，可能会产生一波中级以上的行情。此时，继续持股或利用股价的短暂回档之机加码买进，将有短线获利机会，因为庄家介入的资金一时难以顺利撤退。

（二）形态含义

这组信号如同在水上玩耍的鸳鸯，忽然一头扎进水里，片刻又露出水面，然后向前飞跃。这种形态的形成多为拉升前再次试探底部，或是试拉升后的回调，或是构筑双底，目的是清洗浮筹，进一步夯实底部。投资者如果遇到这组信号，应买入做多，一般成功率较高。此组信号既可判底，又可测顶。

（三）案例实战精要

如图3-6所示：

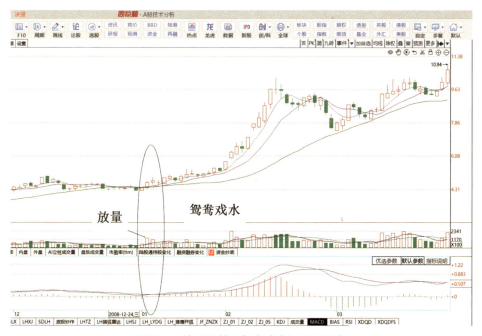

图3-6　凌云股份"鸳鸯戏水"买入形态

凌云股份（600480）该股经过一轮调整后，股价在底部企稳，MACD 指标中的 DIF 线向上金叉 DEA 线，并上穿 0 轴，这时股价接近前期成交密集区，上档压力较强，庄家借机打压洗盘，股价回调至前期低点附近。DIF 线向下死叉 DEA 线，5 日均线向下死叉 10 日均线，且直攻 30 日均线，并形成短暂黏合，10 日均线向下掉头，成交量大幅萎缩。这在形态上造成上攻失败的假象，不少投资者纷纷抛空逃离。而后通过几个交易日观察，我们可以看到 MACD 指标绿柱逐渐缩小，DIF 线在 DEA 线之下运行数个交易日后，转身向上金叉 DEA 线，MACD 指标红柱产生并逐日增长。5 日均线一举向上脱离与 30 日均线的黏合，在 30 日均线上方与 10 日均线构成金叉，10 日均线随后也向上移动。当日成交量放大，5 日均量大于 10 日均量。我们可以根据上述信号判定，该股出现"鸳鸯戏水"信号，此时是一个理想的买入点。

我们据此信号重仓布局，在 4.70 元左右介入，随后出现一轮拉升行情，一个月内股价最高涨到 10.55 元。由此可见，不论 MACD 出现什么样的信号，在介入之前首先看一看 30 日均线，因为不论股价怎样回调，30 日均线还按照股市运行规律向上运行，一旦买入信号形成，5 日均线金叉 10 日均线，成交量放大，此时即可介入。

第二节 "强强联合"形态组合

"强强联合"形态的实战效果非常明显。其操作方法是：KDJ、RSI、MACD 三组指标相互配合使用，充分利用 KDJ 指标反应敏感的特性，在市场中尽可能捕捉到更多可以获利的投资信号。当捕捉到投资信号后，不必过早介入，再由 RSI 指标来检验一遍，如果检验结果一致，就表明投资信号有效。那么，为什么还要参考 MACD 指标呢？目的就是进一步寻求中线指标的支持，这样可以避免短期指标的虚假信号，为介入时加一份保险。如果某一只股票在某一时段里，上述三大指标同时发出买入信号，投资者即可在股价回档时大胆介入，其短线成功率极高，套牢的概率极低，只是获利多寡而已。

在同花顺软件 K 线图界面，敲出 KDJ、RSI、MACD 指标（使用默认参数）后，就可以开始分析。

一、"两翼齐飞"形态

（一）形态特征

1.股价经过一轮下跌后，KDJ 指标处于超卖区，然后随股价的上涨，KDJ 在 20 以下向上发生金叉，量价配合，表明股价见底反弹，是短线介入时机。

2.随着股价的下跌，RSI 指标下降到超卖区，然后 6 日 RSI 向上金叉 12 日 RSI，12 日 RSI 也随之向上，或 RSI 指标向上突破重要压力位（线），量价配合，表明行情有走强迹象，也是介入信号。

3.MACD 指标向下击穿并远离 0 轴后，随着股价在底部企稳着陆，向下运行的 MACD 指标在 0 轴以下出现走平或放缓，或者 DIF 线开始上翘，MACD 指标的绿柱缩短，表明行情的下跌已近尾声或行情的上升即将开始，中短期底部初现。

（二）形态含义

这组信号表明股价经过一轮下跌后，空方力量得到充分释放，逐步放弃打压，而多方力量乘机发起反攻，掌握市场优势。在实战中，当发现 KDJ、RSI 这两大指标在低位同时出现向上金叉时，只要 MACD 指标在 0 轴以下走平或放缓下降速度，成交量略有放大，就会推动股价迅速起飞。投资者在实践中多加观察，这组信号一经发现，在股价回档时介入，出色地做一回反弹行情。此组信号既可判底，又可测顶。

（三）案例实战精要

如图 3-7 所示：

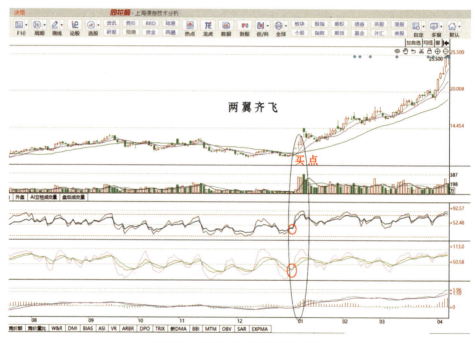

图 3-7　*ST 天成三指标买入信号

　　*ST 天成（600112，已退市）股价从前期的 17 元上方开始大幅下跌，其间卖空、扎空或多翻空等恐慌盘大量涌出，空方气氛笼罩市场，到了当年股价最低跌到 8.90 元，空方力量大为释放，几乎跌无可跌了。这时多方力量发起进攻，到次年 1 月，KDJ 指标在低位（D 线已到 10 以下）向上金叉，发出短线买入信号。同一天，RSI 指标的 6 日 RSI 也与 12 日 RSI 形成金叉，验证了 KDJ 指标金叉的有效性，表明市道由弱转强，为买入做多信号。

　　根据指标组合该股已具备"两翼齐飞"中的"两翼"条件，为保险起见看看 MACD 指标的位置。这时该指标的 DIF 线也在底部开始上翘了，不久与

DEA 线形成金叉，DEA 线走平后上行，MACD 指标的绿柱日渐收缩并消失，红柱出现并逐日增长，表明中线走强，可以与 KDJ、RSI 指标一同带领股价起飞。因此，投资者可大胆介入，此后股价节节拔高，几近翻倍。

二、"牛股加油站"形态

（一）形态特征

1.KDJ 指标从底部金叉向上，股价出现小幅上涨，J 线和 K 线上冲很快进入超买区。因庄家打压洗盘，股价回调，J 线、K 线回落至 D 线附近，即将与 D 线形成死叉时，又没到死叉（即 J 线、K 线得到 D 线支撑）反转向上，形成买入信号。

2. 当股价上涨一段时间后，进入调整阶段，股价回落。6 日 RSI 下滑到 50 左右时企稳转而向上，或者 6 日 RSI 碰触到 12 日 RSI 后，两线拒绝死叉，6 日和 12 日 RSI 都反转向上，此时是买入的机会。

3.MACD 指标在 0 轴以下，随着股价的企稳反弹，DIF 线向上金叉 DEA 线，DEA 线走平或开始上翘。MACD 指标绿柱消失，红柱出现并逐日加长。这表明行情可能出现中级以上的反弹，可以买入做多。

（二）市场意义

这组信号揭示了庄家的操盘规律，当股价经过一轮调整后，在底部企稳，股价开始向上运行，这时庄家着手洗盘或二次试探底部。对洗盘或二次探底的价位和时间上的把握十分重要，既要达到洗盘或探底的目的，又要适可而止，这也反映出庄家对筹码的控制程度。通过"中途驿站"进行充分的筹码换手后，发动更有后劲的上攻。短线指标获得支撑后再度向上，这时便是短线买入的良好时机。此组信号既可判底，又可测顶。

（三）案例实战精要

如图 3-8 所示：

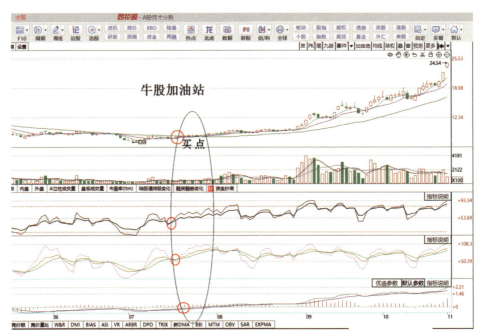

图 3-8　红星发展"牛股加油站"形态

　　红星发展（600367）股价经过一轮下跌后，当年 7 月 2 日在 6.69 元底部着陆，并出现小幅反弹，这时庄家进行二次探底，同时把短线获利者驱逐出去。在图形上，KDJ 指标在超卖区金叉后，J 线快速到达超买区。随着股价的回落，J 线和 K 线均向下掉头。

　　7 月 16 日，当 J 线、K 线即将与 D 线构成死叉时，第二天又有惊无险地反转向上，拒绝死叉，这时 D 线保持上升不变，此时是加仓买入点。

　　RSI 指标出现与 KDJ 同样的走势，6 日 RSI 即将与 12 日 RSI 构成死叉时，又转身向上，形成买入点。

　　KDJ 和 RSI 指标已向投资者发出积极的短线买入信号，那么中期指标 MACD 走势如何呢？ DIF 线在 0 轴下方从走平转为向上，并与 DEA 线形成金叉，DEA 线也在底部出现上翘迹象，这意味中期走势向好。

　　根据指标组合分析，该股出现"牛股加油站"形态，具备短线做多条件，此时买入的风险已大大降低。随后，一轮强势的上涨行情呈现在投资者面前。

三、"一锤定音"形态

（一）形态特征

1.KDJ 指标是一项超买超卖技术指标，是短线操作的利器之一，但该指标的一个缺点就是在低位（高位）钝化现象比较突出。当股价从高位开始下跌时，由于 KDJ 指标反应较灵敏，很快就进入超卖区，由于跌势未尽，指标钝化，功能失效。如果按照一般买卖法则买入后，有可能被套，甚至深套，因为股价超跌之后还会超跌，超卖后还会再超卖。故对这一指标信号应多关注，但不可急于买入抢反弹。这时应观察 D 线的变化，如果 D 线出现明显的向上抬头时，表明股价已见底，可作为短线买入参考。

2. 在股市中我们经常看到 RSI 指标在强势区一路下滑到了超卖区，在此区停留多日而不见反弹，指标在底部失效。如果买入，有可能被套；如果卖出，则有可能踏空。此时投资者应把这类股票列入重点关注对象，当 6 日 RSI 金叉 12 日 RSI 时，RSI 指标出现明显的上升态势，这一点可作为短线买入参考。

3. 股价呈现下跌走势，MACD 指标顺势下滑，指标呈空头形态。当股价跌到尽头的时候，MACD 指标下滑趋缓。随后 DIF 线向上金叉 DEA 线，DEA 线开始走平或渐渐上移，此处是中短线的最佳买入点。

（二）形态含义

这组信号的最大优点就是避免 KDJ 和 RSI 两大指标在低位钝化时，投资者过早买入而深陷其中。

具体方法：当 KDJ 和 RSI 在低位出现钝化时，不作为买入信息，仅关注（关注是因为指标迟早会出现上行，不可能长期躺底），应根据 MACD 指标"一锤定音"。

当MACD在低位出现金叉或走平时，表明股价跌势已尽，中短期底部初现，这时回过头来根据KDJ和RSI指标再确定买入点；如果MACD指标还没有出现金叉或走平，表明股价跌势未尽，就不可贸然介入。此种信号的形成大多发生在急跌行情之中，急跌必有暴涨。注意：在高位出现钝化时，采取相反的操作思维。

（三）案例实战精要

如图3-9所示：

图3-9 维维股份多重指标"一锤定音"

维维股份（600300）当年股价经历一波反弹见顶后开始下跌，KDJ指标从超买区一下子下滑到超卖区。

如果按照一般应用法则所说的"KDJ在20以下买入"，是可以建仓的。

若是如此，必会冒很大的风险，因为除此之外还没有其他止跌反弹的根据。后市出现深跌走势也印证了这一点。

再看看同期的 RSI 指标同样呈逐波下滑态势，6 日 RSI 下至超卖区多日，若据此过早介入其中，则会遭受短线套牢之苦，投资心态也会大受伤害。

两大指标均失去了其应用功能，尽管期间出现多次的"金叉"或"拐头"信号，但已不能为投资者提供正确的买卖依据。怎么办？不必过于着急，应观察一下MACD 指标的变化，关注跌势穷尽的那一天到来，即 MACD 金叉或走平的出现。尽管 KDJ 和 RSI 指标双双到了超卖区，但同期的 MACD 指标却丝毫没有止跌迹象，且下滑速度非常之快。

直到 1 月 6 日，DIF 线开始有走平迹象，初步企稳，这时投资者可以根据KDJ 和 RSI 指标发出的信号，买进抢反弹（此时股价与 KDJ 钝化初期时相比，跌幅接近 40%），几个交易日后即在 1 月 10 日 DIF 线与 DEA 线形成金叉，这时可以加仓买入。其后，该股攀升而上，累计涨幅较大。

四、"高台跳水"形态

（一）形态特征

1.股价经过一轮上涨或反弹后，KDJ 指标进入超买区，因股价续涨无力而回落，KDJ 指标在超买区形成死叉，D 线出现拐头向下，股价可能一落千丈，此为短线卖出信号。

2.随着股价的上涨或反弹，RSI 指标也随之上升到了超买区，因股价上涨无力而下跌，6 日 RSI 线在超买区死叉 12 日 RSI 线，12 日 RSI 线也开始下滑，或 RSI 指标向下突破重要支撑位，股价可能会一落千丈，此时为短线卖出点。

3.随着股价的上涨或反弹，MACD 指标由下向上穿过 0 轴，并继续向上，在远离 0 轴后 DIF 线出现走平或向下调头死叉 DEA 线，DEA 线随之下行。

MACD 指标的红柱缩短并消失，绿柱出现并增长，为中短期头部特征，此时应退出。

（二）市场意义

买入是一种方法，卖出也是同一种方法。这组信号表明股价上方遇到强大压力或达到庄家的既定价位，一轮上升或反弹行情即将终结，或暗示一轮下跌即将开始。在实战中如果出现这组信号时，投资者无论是否获利，都应尽快离场，其后可能产生一轮深幅跌势或较长时间的调整，即"高台跳水"。

（三）案例实战精要

如图 3-10 所示：

山东钢铁（600022）股价经过一波涨升后，上档压力沉重，庄家无奈而主动开始撤退。KDJ 指标中的 J 线和 K 线在超买区快速向下死叉 D 线，D 线支撑

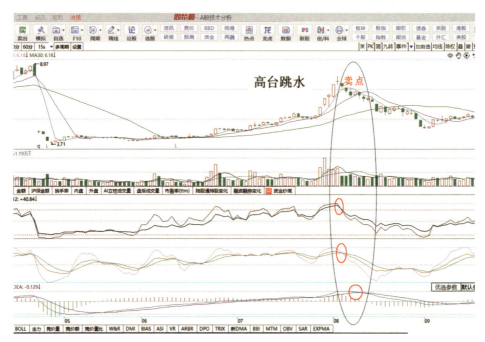

图 3-10　山东钢铁三指标合一"高台跳水"

不住也掉头向下，这预示着股价将短期见顶。就在同一天，RSI 指标中的 6 日 RSI 也从高位快速向下死叉 12 日 RSI，12 日 RSI 也跟着下行，卖出信号得到验证。那么，这时 MACD 指标走势如何呢？ DIF 线已在高位出现拐头，DEA 线上升趋缓，MACD 指标中的红柱收缩，这表明该股后市风险加大。三项指标相互验证，符合"高台跳水"卖出组合信号。因此这是理想的卖出点，其后股价真可谓一落千丈，从 8 月 4 日收盘时的 7.82 元开始下跌，最低跌至 4.67 元，跌幅超过 40%。

五、"多指标背离"形态

（一）形态特征

1.股价或指数不断地往上拉高，创出近期新高点，而同期的 KDJ 指标不但不随之创出新高，反而逐波走低，两者产生顶背离现象，此为卖出信号。

2.当股价或指数上涨到一定幅度后，屡创近期新高，而 RSI 指标不但不创新高点，反而数值不如前期高点高，与股价形成顶背离，此为卖出信号。

3.股价或指数强劲攀升而上，一浪高过一浪，不断创出近期新高点，而同期的 MACD 指标却未能同步上升，反而出现一波比一波低的走势，形成顶背离现象，股价续涨极为困难。这也是明显的卖出信号，具体可视实际情况操作。

（二）形态含义

这组信号表明股价或指数的上涨有一定的虚伪性，或是庄家刻意拉高股价，制造大多头行情，以兑现自己的筹码，或是权重股刻意拉抬指数，掩盖其他股出货。其实，这时庄家已经弹尽粮绝，最后的拉升也只是垂死挣扎。这时的操作策略为：顶背离，卖出或减仓；底背离，买入或加仓。

（三）案例实战精要

如图 3-11、图 3-12 所示：

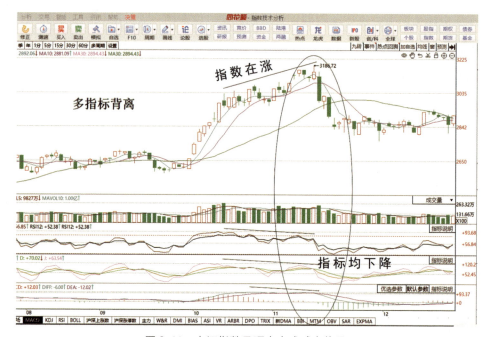

图 3-11　上证指数见顶卖出或减仓信号

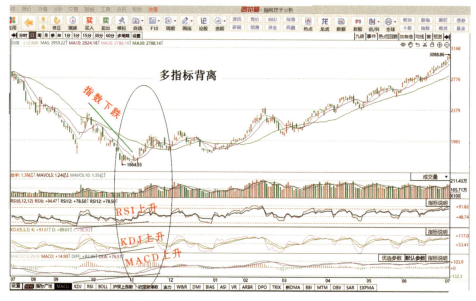

图 3-12　上证指数见底买入或加仓信号

如图 3-11 所示，上证指数在当年 7 月中旬至 10 月底强劲上扬，令多少人跃跃欲试，先后加入股市，其后行情更是创出上证指数下半年的 3186 高点。但是如果静下心来认真分析一下技术指标，就不难发现当时股指已经摇摇欲坠了。首先看一下同期的 KDJ 指标，它并不配合指数的上涨，尽管其 J 线每次上行都到达超买区并钝化，但 D 值一个高点比一个高点低，形成顶背离走势。这时的 RSI 指标亦呈逐波下行走势，如果将两个或两个以上高点连成一起，就会形成一条向右下角倾斜的趋势线。这条趋势线就构成了压力线，股价触及压力线时，会遇到较强的压力，因此指数的上升已显得岌岌可危。同期的 MACD 指标也未能创出新高点，几乎每次 DIF 线反弹时都会受到 DEA 线压制而呈向下走势，形成中期的顶背离现象。根据上述技术指标综合分析，当时上证指数在 3100 点上方已是摇摇欲坠，尽管股指在此区域维持了半个多月时间，但已是最后的圆舞曲了。后来股指出现大幅下跌，时间持续一年多，最低跌到2564 点，低了 622 点。

如图 3-12 所示，还是上证指数，与图 3-11 正好相反，看到多指标底背离信号，可判断到底部，找出最佳买入点。在此不再赘述，读者朋友可自行验证。

第三节　"二龙戏黑马"形态组合

"二龙戏黑马"是指 KDJ、DMI 指标相互配合使用捕捉行情变化。同花顺 KDJ 指标是为了追求短线操作的安全度而设计的，其特点就体现在快捷上。在指标体系中，它是最敏感的指标之一，熟练并灵活运用它可以捕捉到相当小的行情变化，实为短线操作的一大法宝。

DMI 指标能够告诉我们未来行情的变化趋势，从而为投资者提供恰当的买卖时机，把握行情变化趋势。因此将这两大指标结合起来，可以降低投资风险，提高操作安全度，帮助投资者找到最佳的买卖点。

在操作方法上，两大指标不分先后顺序，相互验证统一即为最佳买卖点。实战中，我们要重点把握以下几种形态技巧。

在同花顺软件 K 线图界面，敲出 KDJ、DMI（使用默认参数）后，就可开始分析。

一、"双重金叉"形态

（一）形态特征

1. 股价经过一轮下跌或调整，KDJ 指标中的 J 线躺底后不久拔地而起，KDJ 在低位发生金叉，表明短线有走强迹象，是买入信号。在通常理解的意义上，日线 KDJ 在相对的低值区间（如 20 ~ 40 区域）金叉较之在相对的高值区间（如 60 ~ 80 区域）金叉会让投资者更安心，对投资者有更大的吸引力。但在实际的短线操作中，高位金叉与低位金叉并无本质的区别。反之亦然，日线 KDJ 指标的死叉则与前者完全相反，是短线做空的重要信号之一。

2. 这时如果 DMI 指标与 DI 指标的变化形成金叉，意味着有新的多方资金介入，动向指标未来方向明确，从而验证了 KDJ 指标金叉的有效性，这时就是理想的买入点。DI 指标变化后，继续向上并穿过 ADX 和 ADXR 两线，ADX 和 ADXR 也开始向上移动，几天（一般 3 ~ 5 个交易日）后 ADX 与 ADXR 也发生金叉，即 DMI 指标出现"双重金叉"，为加仓介入信号。

（二）形态含义

这组信号多为庄家打压洗盘或压箱顶吸货所致。此组信号的出现，表明庄家洗盘或吸货结束，行情由弱转强，或进入主升段行情。实盘操作中，一旦出现"双重金叉"信号，应大胆介入，成功率可达 90% 以上。既然是短线操作行为，就不必苛求高额利润，做到能获利而止（多寡视市场而定）。此组信号既可判底又可测顶，效果均佳。

（三）案例实战精要

如图 3-13 所示，梅花生物（600873）股价经过一段时间的调整后，成交量萎缩至地量水平，J 线躺底多日，K 线和 D 线的值均处于底部超卖区，尤其是 D 线的值连续三个交易日低于 20，最低跌到 14.20，反弹行情一触即发。当年 8 月下旬，J 线一跃而起金叉 K 线和 D 线，同一天 K 线也向上金叉 D 线，这一天 J 值为 59.86，K 值为 42.34，D 值为 34.58，表明股价短期有见底可能。

图 3-13　梅花生物"双重金叉"形态买入点

同期的 DMI 指标也呈走强迹象，DI 上穿金叉，有新多头介入。持续向上的 ADX、ADXR 已在 50 以上拐头向下，意味一轮跌势已经结束，买入信号一目了然。KDJ 指标和 DMI 指标同时出现金叉，构成"双重金叉"特征，是难得的买入信号，且准确率较高。该股随后一路上涨，股价翻了两倍有余。

如图 3-14 所示，为双重死叉卖点，与图 3-13 正相反，是"双重死叉"卖出信号，在此就不赘述，读者朋友可自行验证。

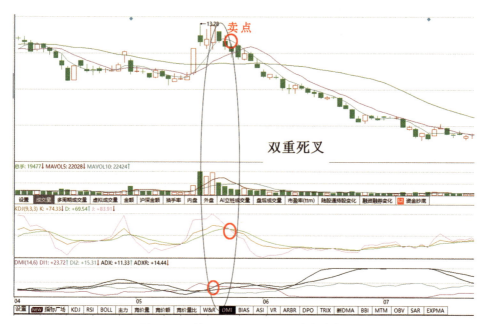

图 3-14　某股"双重死叉"形态卖出点

二、"诱空死叉"形态

（一）形态特征

1.KDJ 指标从底部金叉向上，股价从低位启动出现小幅上涨，庄家便开始震仓洗盘，由于洗盘手法怪异，J、K 线从超买区快速回落并跌破 D 线形成死叉。但 3～5 日内，J、K 线再次快速向上金叉 D 线，在指标图形上形成"诱空死叉"，这一信号是很好的加仓买入点。"泥鳅出地"就是形容股价快速死叉后再快速金叉或快速金叉后再快速死叉的意思。

2.这时配合 DMI 指标有两种现象（注意 DI1 与 DI2 交叉）：一种是股价从底部启动后，DI 指标向上运行，两种 DI 突然形成死叉，但这时 ADX 和

ADXR 仍然向上延伸或走平，其值在 40 以下。3～5 日内两种 DI 再出金叉，在图形上留下一个 "X" 形态，这时应立即买入。另一种现象正好相反，DI1 突然调头向下、DI2 突然向上，两者即将形成死叉，却有惊无险，又各自朝相反的方向离开，拒绝死叉。这也是理想的介入点。

（二）形态含义

此种现象多为庄家洗盘所致，任何一只大牛股在启动前都会发生类似现象。如果 KDJ 指标的 "诱空死叉" 信号与 DMI 指标的这两种信号同时发生，可以大胆加仓买入，成功地做一把短线。这组信号判底测顶均可。

（三）案例实战精要

如图 3-15 所示，中铁工业（600528）股价历经数轮大幅暴跌的洗礼后，终于探明了底部。当年 9 月 18 日，KDJ 指标在低位发生金叉，股价见底回升，

图 3-15 中铁工业形成 "诱空死叉" 形态，实为买入信号

产生一轮小幅反弹，庄家为了后市稳步走高，进行洗盘换手。虽然股价维持平台走势，但 KDJ 指标于 10 月 22 日快速形成死叉，J、K 线在 D 线之下作短暂停留后，于第二天再次快速金叉 D 线，出现"诱空死叉"信号。为了进一步验证信号的真伪性，我们再来看看 DMI 指标。这时 DI1 由上而下、DI2 由下而上快速形成死叉，死叉后运行了 3 个交易日，DI1 再度向上形成金叉，在图形上留下一个标准的"X"形态。这时 ADX 转下降为上升，其值在 40 左右，ADXR 的下降速度趋缓，此处即为最佳买入点。

通过 KDJ 和 DMI 两大指标的相互验证，买入信号一致，可以大胆介入。而后该股一度成为沪深两市的领头羊。

如图 3-16 所示，申能股份（600642）当年 3 月 7 日股价从低位启动，KDJ 金叉向上，J、K 线快速到达超买区。这时主力开始震仓洗盘，J、K 线快速回落并死叉 D 线，3 个交易日后 J、K 线快速向上金叉 D 线，形成"诱空死叉"

图 3-16　申能股份形成"诱空死叉"形态，实为买入信号

信号。这时同期的 DMI 指标走势怎么样呢？DI1 由上而下逐渐回落，DI2 由下而上逐渐上升，3 月 15 日两线即将发生死叉，可是第二天它们拒绝死叉，DI1 反转向上，DI2 调头向下，形成买入点。两大指标均发出买入信号，这时投资者可以大胆追高介入，其后该股走出攀升行情，累计涨幅巨大。

第四节 "取长补短"形态组合

"取长补短"是指 DMI、MA 指标相互配合使用捕捉行情变化。MA 指标在股市中使用极为广泛，它能及时明确地发出多空信号，若能将它与 DMI 指标组合起来使用，可以达到意想不到的效果。

在操作方法上，当 DMI、MA 指标发出做多信号时，如果成交量放大，说明行情上攻能量充足，爆发力强；当 DMI、MA 发出做多信号时，如果成交量未见有效放大，说明行情上攻力度较弱或有假多头嫌疑。反之，即使成交量放大，但如果 DMI 或 MA 不具备买入特征，也不可轻易介入。

因此，只有当 DMI、MA 相互验证统一，方可作为决策依据。这是技术指标的精髓之处。根据股市多年的运行特点，这组信号主要有以下几种搭配方法。

在同花顺软件 K 线图界面，敲出 DMI、MA（使用默认参数）后，就可开始分析。

一、"乘风破浪"形态

（一）形态特征

1.DMI 指标中的 DI1、DI2、ADX、ADXR 四线的值均处在 20 ~ 30 之间，呈盘缠状态。某日，DI1 由下向上、DI2 由上向下形成金叉后，4 个交易日内，

ADX 向上金叉 ADXR，出现"乘风破浪"形态，发出买入信号。

2.5 日移动平均线金叉 10 日移动平均线，30 日移动平均线走平或者上扬，均线系统多头排列。

3. 成交量连续温和放大，5 日成交均量大于 10 日成交均量，表明有场外资金介入。

（二）形态意义

这组信号表明庄家在股价低位区耐心地收集筹码，已经成功地构筑底部，风平浪静，悄无声息。当庄家吸足筹码后，乘风破浪而上，于是出现一轮波澜壮阔的上扬行情。

（三）案例实战精要

如图 3-17 所示，新疆天业（600075）当年 1 月 14 日之前 DI1、DI2、ADX、ADXR 的值均不大，这天 DI1 由 18.08 上升到 33.17，DI2 由 20.41 下降

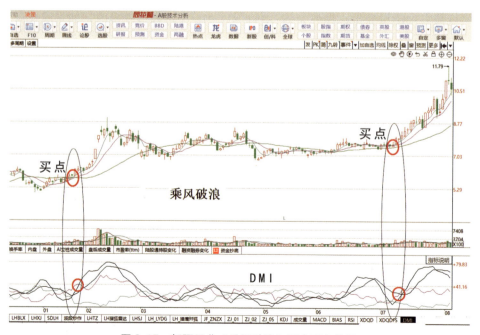

图 3-17　新疆天业"乘风破浪"形态买入信号

到 15.86. 二者形成金叉。第三天，即 1 月 16 日 ADX 由 35.42 上升到 39.04，ADXR 由 36.03 上升到 36.24，ADX 和 ADXR 形成金叉，两线均呈上升走势。DMI 指标出现"乘风破浪"形态，这是明显的买入信号。

同期的 5 日移动平均线已经金叉 10 日移动平均线，30 日移动平均线呈上升趋势，5 日、10 日、30 日移动平均线即将构成一个不规则的尖头向上的上升三角形，形成多头排列。从成交量上看，该股缩量调整后连续温和放大，1 月 16 日这天 5 日均量 6206 手，10 日均量 4149 手，5 日均量大于 10 日均量，价升量增，配合理想，有做多资金不断介入。上述指标验证统一，两处买入信号清晰可见。随后该股一路攀升而上，累计涨幅巨大。

二、"一路高升"形态

（一）形态特征

1.ADX 和 ADXR 是判断行情的趋向指标，同时也是 DI1、DI2 的导向指标，在一轮上涨行情中，若 DI1 向上、DI2 向下，ADX 的数值逐日增加呈单一趋势向上发展，表明行情处于牛市之中。无论 DI1 的位置如何，每当 DI1 向上拐头运行，此时是介入良机，直到 ADX 和 ADXR 在高位掉头向下时抛出筹码。

2.5 日、10 日移动平均线在 30 日移动平均线之上运行，5 日移动平均线金叉 10 日移动平均线，30 日移动平均线呈上升趋势，多头特征明显。

3. 成交量反映正常（不宜过大或过小），后续力量充分，换手积极，交投活跃。

（二）形态含义

在一轮持续上涨行情中，"一路高升"信号为短线投资者创造良好的买卖点，让投资者在尽可能短的时间里获得最大的收益率，但容易错过一段大行情。若卖错了，碰到合适的买入点一定要买回来，因为你不知道庄家是不是真正出货。

　　这组信号表明主力做多意愿十分强烈，资金介入较深，一般受外界因素影响较少，往往独立于大盘运行。此组信号判底测顶均可。

（三）案例实战精要

　　如图 3-18 所示：

图 3-18　巨化股份买入后"一路高升"

　　巨化股份（600160）股价经过深幅调整后，当年 6 月底见底反弹，DI1、DI2 二者走势形成金叉，ADX 和 ADXR 朝单一方向上升，处于牛市之中。这时均线系统呈多头排列，5 日、10 日移动平均线运行于 30 日移动平均线之上，30 日移动平均线呈上升态势，多头排列明显。成交量始终维持在较高水平，交投活跃，市场人气高涨。据此分析，投资者可乘股价回调时介入。之后，该股一路攀升，累计涨幅超过 100%。

三、"拒绝死叉"形态

（一）形态特征

1. 股价经过一轮小幅上涨后，庄家为了清洗浮筹，向下打压股价，DI1 开始回落、DI2 开始上冲，当两者即将发生死叉时，却出乎意料地背道而驰，拒绝死叉，各自朝相反的方向运行，DI2 继续向下延伸，DI1 继续向上前进，ADX 或 ADXR 继续向右上方运行，ADX 与 ADXR 的值在 40 以下。

2. 5 日移动平均线调头向下，即将与 10 日移动平均线构成死叉，这时 5 日移动平均线反转向上，10 日移动平均线继续向上，30 日移动平均线维持原来的上扬趋势。

3. 当日成交量大于 5 日成交均量，或者 5 日成交均量大于 10 日成交均量，表明资金不断流入市场。

（二）形态含义

这组信号表明庄家拉高洗盘结束，即将展开主升浪行情，投资者在 DI1 出现"拒绝死叉"时大胆介入，短期获利机会较大。此组信号判底测顶均可。

（三）案例实战精要

如图 3-19 所示：

上海医药（601607）当年 8 月 5 日突破宽幅整理平台区，股价出现小幅上涨，主力进行洗盘整理，DI1 逐渐回落，DI2 逐渐上升，8 月 26 日两线刚发生死叉。第二天 DI1 与 DI2 背道而驰，拒绝死叉，DI1 反转向上运行，DI2 反转向下调头，ADX 和 ADXR 也随之上行，形成买入点。这时，5 日移动平均线已经金叉 10 日移动平均线，并运行于 30 日移动平均线之上，30 日移动平均线走平后呈上升趋势，形成多头排列。当日成交量大于 5 日成交均量，5 日成交均量大于 10 日成交均量，符合组合指标的买入信号。

图 3-19　上海医药"拒绝死叉"形态出现后反升

四、"死而复活"形态

（一）形态特征

1. 股价从底部启动后，DI1 与 DI2 形成金叉后不久，突然 DI1 由上向下、DI2 由下向上快速形成死叉，死叉后 3 ～ 5 日内 DI1 再次快速向上金叉 DI2，在图形上留下一个"X"形态，这时 ADX 和 ADXR 走平或向上延伸，其值在 40 以下，形成买入信号。

2. 5 日、10 日移动平均线在 30 日移动平均线之上形成金叉，30 日移动平均线持续上行。或者 5 日、10 日移动平均线在 30 日移动平均线之上快速死叉后，但不破 30 日移动平均线，而再度快速向上形成金叉，均线呈多头排列。

3. 成交量萎缩后再度放大，当日成交量大于前一日成交量和 5 日成交均量，5 日成交均量大于或等于 10 日成交均量，或 5 日均线金叉 10 日均线，表明有场外资金介入。

（二）形态含义

这组信号的出现说明庄家拉高股价后刻意打压股价强制洗盘，当洗盘结束后，快速腾空而起，这意味着第二轮拉升即将展开或主升浪即将开始。反映在指标图形上，短线指标有趋空之势，K 线有做头迹象，但随后死而复活，再度趋多。如果出现这组信号，持筹者应坚定持股，空仓者应坚决介入做多。

（三）案例实战精要

如图 3-20 所示，时代新材（600458）股价在底部经过较长时间的整理后，在当年 1 月初主力发力而上一举突破平台区，DI1 上穿金叉 DI2，随后 ADX 和 ADXR 也发生金叉，股价从 8.00 元左右开始上涨，最高冲到 18.20 元，涨幅超过 127%。这时主力为了日后更好地拉升，进行打压震仓，洗盘手法老到，连收数根阴线，DI1 快速向下死叉 DI2。死叉后，DI1 在 DI2 之下运行了 4 个交易日后，在当年 1 月 8 日 DI1 再度金叉 DI2，在图形上留下一个"X"形态，ADX 转下降为上升，ADXR 继续上升，其值均不大，买入信号十分强烈。

此时 5 日、10 日均线在 30 日均线之上形成死叉，但不破 30 日均线，5 日均线在 10 日均线之下运行 5 个交易日后，1 月 10 日再度快速向上形成金叉，30 日均线我行我素持续上行，呈多头排列。在成交量上，萎缩后再度放大，当日成交量 47322 手，大于前一日成交量 13724 手和 5 日成交均量 21223 手，5 日成交均量大于 10 日成交均量 17709 手，场外资金纷纷介入。该股符合上述组合指标买入条件，持筹者应坚定持股，持币者应坚决介入做多，其后股价出现飙升行情，短期获利丰厚。

图 3-20　时代新材出现"死而复活"形态后上扬

五、"浪子回头"形态

（一）形态特征

1.持续上升的某只股票在某一天 DI1 由上向下、DI2 由下向上形成死叉，随后几个交易日里，呈单一向右上方运行的 ADX 线在 50 以上无法继续向上，或调头下行死叉 ADXR 线，这时形成卖出信号。

2.这时 MA 线在高位，分三种情况考虑：如果 5 日均线向下死叉 10 日均线，短期卖出；如果 5 日均线继续向下死叉 30 日均线，10 日均线开始走平或下行，坚决离场；当 10 日均线死叉 30 日均线，30 日均线开始走平或调头向下，形成一个不规则的下降三角形，这时是最后的卖出时机。

3.成交量开始逐步萎缩，5 日均线处于 10 日均线之下，或在高位出现价跌量增和放量滞涨现象，表明场内资金在逐步撤离，应趁机退出。

（二）形态含义

股价经过一轮充分炒作后，后续能量不济，上方遇到强大压力或已经达到庄家既定的目标价位，预示一轮涨升行情将告一段落。投资者一旦发现指标下行，无论是否获利都应先卖出为好，因为难熬套牢之苦，可谓浪子回头。

（二）案例实战精要

如图 3-21 所示：

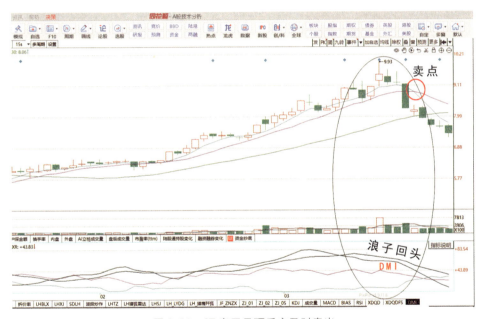

图 3-21　ST 春天见顶后应及时卖出

ST 春天（600381）股价于前一年 12 月初的最低 4.93 元开始一路不断攀升，最高涨到 9.93 元，时间长达 4 个月。当年 3 月底股价见顶后，展开一波小跌行情，当股价下跌到 8 元上方时遇到强大支撑，而后再次反弹至前期高点，DMI 指标在 3 月 10 日这天走势出现变化，DI1 下移、DI2 上行、ADX（其值为 68.21）也有调头迹象，六天后 DI1 与 DI2 形成死叉，而 ADX 早于 4 天前死叉

ADXR，形成卖出信号。

同期的移动平均线也与 DMI 指标出现同步走势，5 日移动平均线在高位拐头后向下死叉 10 日移动平均线，10 日移动平均线出现走平或下降迹象，短期均线呈空头排列，为卖出信号。成交量开始逐步萎缩，5 日均线处于 10 日均线之下，并出现价跌量增走势，庄家派发筹码的意图显露无遗，应趁二次顶部退出。根据这组信号判断，该股后市（短期）难有作为，投资者应逢高减磅，适可而止，以免身陷套牢之苦。回头是岸，提早到其他股票上寻找投资良机，实为上策。

第五节　"如虎添翼"形态组合

"如虎添翼"形态利用 WR、KDJ 指标搜索到短线买卖信号，然后利用 RSI 指标鉴定走势的强弱和超买超卖情况，再用 MACD 指标确认中期走势，从而更加准确地为投资者提示买卖信号。

目前，WR 指标电脑初始化状态下给定的技术参数为 10，在图形上绘制一条指标曲线。我们经过反复的实盘检验和长期的跟踪观察，将 WR 指标技术参数修改为 14，发现这样更能激发本指标效能。

在同花顺软件 K 线图界面，敲出 WR（使用参数 14）、KDJ（使用默认参数）后，就可开始分析。

一、"饿狼扑食"形态

（一）形态特征

1. WR 指标的图形和股价走势是反着的。股价从高位向下调整，WR 指标躺底钝化，呈锯齿状向上走势。当 WR 线出现明显的向上跃起时，这预示着涨势即将结束，跌势即将开始，为短线卖出信号。

2. 当股价从高位开始下跌时，由于 KDJ 指标反应较灵敏，很快就进入超卖区，由于跌势未尽，指标在底部钝化，功能失效。这时应观察 D 线的变化，如果 D 线出现明显的向上抬头，表明股价短线已见底，这便是短线买入信号。

3. 在一轮下跌行情开始时，RSI 指标从强势区一路下滑到了超卖区，在此区停留多日而不见反弹，指标在底部失效，令投资者左右为难。若有 6 日 RSI 向上金叉 12 日 RSI 或 6 日 RSI 和 12 日 RSI 出现明显的向上趋势，这就是买入信号。

4. 股价经过一轮下跌后，在底部企稳反弹，MACD 指标在 0 轴以下停止下滑趋势，DIF 线向上金叉 DEA 线随之趋平或上行，表明中短线行情趋强，为买入信号。

（二）形态含义

这组信号，如同一路匍匐前进的饿狼，一旦前方遇到可捕猎物，便猛然抬头扑过去。股价跌势已到尽头，庄家已经大出血，再下跌的话可能要破产卷铺盖了。因此后市必定产生一轮升势，或是庄家为了自救，或是超跌后反弹，或是洗盘后拉升，或是新一轮行情开始。我们不探究其涨升的原因，只求能在涨升开始时介入，涨升末了时卖出，以获取最大的利润。故此，当某只股票在某一时段里，同时出现上述指标信号时，介入的风险就大大降低，可以做一波收益颇丰的行情。

（三）案例实战精要

如图 3-22 所示：

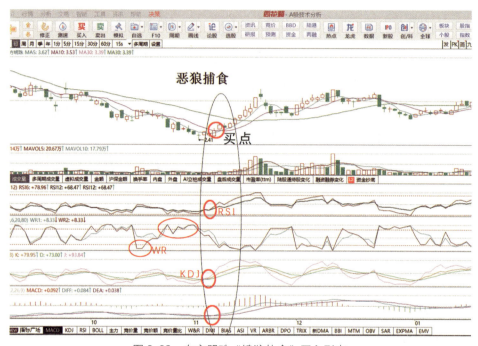

图 3-22　东方明珠 "饿狼扑食" 买入形态

东方明珠（600637）股价于当年 7 月开始一轮新的跌势，WR 指标向处在底部，很快进入超卖区，其值于 10 左右，后在 20 多个交易日里，底部呈锯齿状向上走势。

11 月 6 日，WR 指标掉头向下。此时 KDJ 指标也从超买区滑落到超卖区，在此区钝化较长时间，指标功能基本失效。11 月 7 日，KDJ 向上金叉，D 线出现明显上翘，意味着股价短线见底，有买入信号。

再进一步观察 RSI 指标的位置，RSI 指标从高位下滑到低位后，也在同一天 6 日 RSI 金叉 12 日 RSI，12 日 RSI 也随之上行，表明该股逐步由弱势转为强势。

那么，中期指标走势如何呢？此时，下行的 MACD 指标戛然而止，DIF 线向上金叉 DEA 线，DEA 线随之而上。MACD 指标绿柱消失、红柱出现并增长，表明中期走强。通过相互验证，四项指标同一天发出买入信号，符合"饿狼扑食"指标组合特征，投资者可在在股价回档时大胆买入。此后，该股经过再次探底成功，一路攀升而上，累计涨幅较大。

二、"中流砥柱"形态

（一）形态特征

1. 股价见底后反弹，WR 指标从高位下降，由于洗盘或回调确认，股价回落，再度出现明显的向上走势，此为买入点。

2. KDJ 指标随股价的上涨而上升，随股价的回调而下降，当 J 线和 K 线回落至 D 线附近时得到支撑反转向上，D 线保持原来的上升趋势或走平。此为买入点。

3. RSI 指标随股价回调而回落，6 日 RSI 碰触 12 日 RSI 后反转向上，拒绝死叉，12 日 RSI 线继续上行，此为买入点。

4. MACD 指标在底部向上金叉后，随股价回调，DIF 线放慢了上升速度，向 DEA 线靠近，而 DEA 线走势强劲，维持原来的上升速度。不久，DIF 线加快了上升速度，出现"空中隧道"形态。或者，MACD 指标不受股价回调的影响而持续向上。

（二）形态含义

这组信号大多为洗盘或二次探底结束，是即将展开主升段行情的前奏曲，一方面表明筹码锁定性较好，洗盘适可而止，另一方面表明股价回调时承接盘较多，股性已经被有效激活。在实战中，如果 WR、KDJ、RSI、MACD 指标同时发出买入信号，投资者可以大胆介入，一般获利较大。

（三）案例实战精要

如图 3-23 所示：

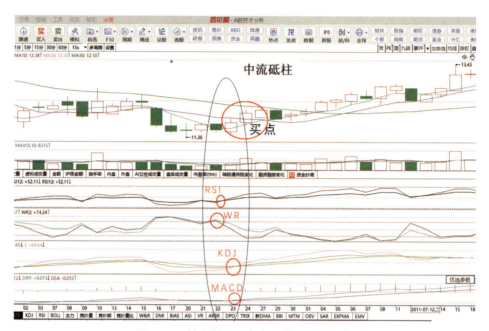

图 3-23　神奇制药"中流砥柱"买入形态

　　神奇制药（600613）股价经过一轮深幅下挫，空方能量大为释放，于当年 5 月 20 日股价在底部 11.36 元企稳后向上稍做反弹，于 5 月 23 日进行第二次探底。此时指标组合显示：WR 线已从高位向下，进入超卖区域，并于当日发出短期买入信号。

　　同期 KDJ 指标中 J 线和 K 线回落到 D 线附近企稳，如同中流砥柱，再度弹起，D 线沿原趋势向上，表明上攻力量强大。5 月 23 日，RSI 指标在超卖区拐头向上，6 日 RSI 金叉 12 日 RSI，随股价回调 RSI 指标回落，6 日 RSI 触及 12 日 RSI 后企稳，如同中流砥柱，反转向上，12 日 RSI 随之跟上。

此时 MACD 指标走势如何呢？ DIF 线在底部走平后向上金叉 DEA 线，DEA 线开始上翘，中线走势转强。通过上述四项指标综合研判，同时发出买入信号，符合"中流砥柱"特征，投资者这时可以大胆买进股票做多。其后股价出现较大幅度的反弹。

三、"一泻千里"形态

（一）形态特征

1.随着股价的上涨，WR 指标自上而下到达超买区并呈锯齿状走势，不久又一泻千里，指标来来底部，这预示着一轮升势即将结束或一轮跌势即将开始，此为顶部卖出信号。

2.股价在高位，KDJ 指标形成向下死叉，D 线拐头向下，为短线卖出信号。

3.RSI 指标随股价的上升而上行到了强势区，在高位因股价上升乏力，停止上行，随后 6 日 RSI 向下死叉 12 日 RSI，12 日 RSI 随之向下，或 RSI 指标向下突破重要支撑位，表明股价走势趋弱。此为卖出信号。

4.MACD 指标在 0 轴上方放慢上升速度，DIF 线走平后向下死叉 DEA 线，DEA 线随之走平或下行。MACD 指标红柱缩短并消失，绿柱出现并增长，表明中线行情趋淡，为卖出信号。

（二）形态含义

此组信号预示一轮上涨行情接近尾声或一轮新的跌势行情即将开始，表明后续能量不济，或上行遭到强大抛压，庄家主动撤退，以保实力。

（三）案例实战精要

如图 3-24 所示：

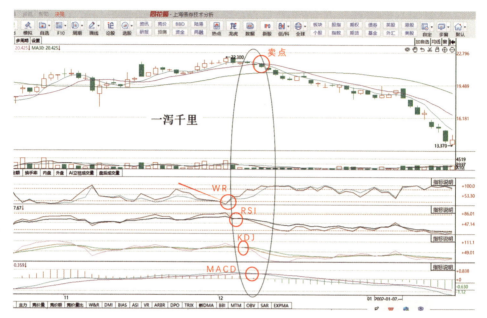

图 3-24 　退市鹏起"一泻千里"卖出形态

退市鹏起：从当年 10 月下旬的阶段性底部开始向上反弹，WR 随股价上涨而进入超买区，12 月 4 日指标值几乎达到 0 值。随后，WR 线拐头向上，形成卖出信号。期间 KDJ 指标中的 J 线和 K 线已经调头向下，比 WR 提前一天形成死叉，D 线明显拐弯向下，WR 的卖出信号得到了 KDJ 的验证。

这时的 RSI 指标同样发出卖出信号，6 日 RSI 也在 12 月 7 日这天死叉 12 日 RSI，并继续向下击穿 50 中轴线，同时跌破一条向上倾斜的趋势线，其走势十分恶劣。

同期的 MACD 指标上行乏力，DIF 线调头向下死叉 DEA 线，DEA 线随之向下，表明中线趋淡。

由于后续的反弹遇到强大压力，行情出现调整。因此，这天成为卖出股票的最好时机，其后该股出现一波深幅下跌。

四、"雾里看花"形态

（一）形态特征

1.WR 指标经常出现碰顶（100）或触底（0）现象，一般技术指标者认为四次碰顶或触底，是一个相当好的卖点或买点。但事实并非这样，不同股性的股票，其碰触次数也应该有所区别，不可一概而论。我们认为，只有与其他技术指标综合研判才更稳妥，可以大幅度降低风险。

据我们跟踪观察，发现该指标有其独特的应用技巧：无论 WR 指标碰顶或触底多少次，只要其出现碰顶或触底，就应急速寻找其他指标的积极支持和配合，如果 KDJ、RSI、MACD 指标同时也发出卖出（买入）信号时，便是卖出（买入）点。

2.在一轮持续行情中，KDJ 指标一般在中轴线（50）上方或下方作脉冲波动，KDJ 指标回抽时，D 线和 K 线一般不破中轴线。如果 D 线和 K 线有效击穿中轴线，表明短期头部或底部初步形成，应卖出或买入。

3.RSI 指标是以中轴线（50）作为强弱的分水岭，在这组信号中，RSI 与 KDJ 用法差不多。在一轮持续的行情中，RSI 指标一般在中轴线（50）上方或下方作脉冲波动，RSI 指标回抽时，一般不破中轴线。如果破了中轴线，表明行情转强或转弱，应及时买入或卖出。

4.行情经过一轮上扬或下跌后，MACD 指标在高位或低位趋平后，形成死叉或金叉，表明中期行情趋空或趋多。

（二）形态含义

将 WR、KDJ、RSI、MACD 指标组合起来研判，很好地解决了投资者关于 WR 指标碰顶触底次数的困惑。这组信号无论出现在顶部还是底部，都表明一轮持续行情的终结或一个完整信号的结束。它既可用于判底，也可用于测顶。

如果是下跌行情中发生这组信号时，可以买入；若是在上升行情中出现这组信号，则可卖出。

（三）案例实战精要

如图 3-25 所示：

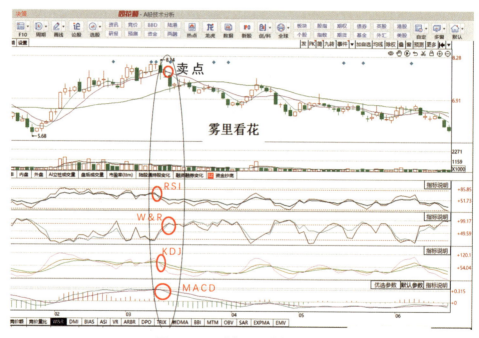

图 3-25　亚盛集团下跌卖出形态

亚盛集团（600108）股价经过一轮急跌后，于当年 1 月下旬在最低 5.68 元上方企稳，并强劲向上反弹。WR 指标触底，随着股价的上涨于 3 月 9 日到达超买区，这时 WR 线出现第一次碰顶，说明股价在下行。那么，WR 指标是否还有第二、三、四次碰顶呢？观察一下 KDJ、RSI、MACD 指标的走势，就能很好地帮助我们做出判断。3 月 16 日，KDJ 指标中的 J 线和 K 线上冲 D 线无功而返，再度回落，随后 D 线向下击穿中轴线，发出卖出信号。

这时 RSI 指标也发出卖出信号，6 日 RSI 死叉 12 日 RSI 后，继续向下击穿 50 中轴线，坠入弱势区。

此时的 MACD 指标在 0 轴上方较高位置，DIF 线无法继续向上，拐头与 DEA 线死叉，DEA 线尾随其下。MACD 指标红柱消失，绿柱出现并逐日增长。根据上述指标组合分析，该股应当卖出，其后的走势证实了研判结果的真实性。

第六节　"锦上添花"形态组合

"锦上添花"形态是指 KDJ、RSI、DMI 指标相互配合使用，其最大优点是可以捕捉到主升段行情，或及时发现深跌行情，帮助投资者提早做好买卖准备，以便获利了结或止损出局。

"锦上添花"形态的操作方法为：将 KDJ、RSI 指标做 DMI 指标的铺垫，当发现 KDJ、RSI 指标走强后，再根据 DMI 指标买卖信号作出投资决定，这样可以寻找到更好的获利机会。如同文学表现手法上的伏笔，为最后的买卖决策打好前站。

在同花顺软件 K 线图界面，敲出 KDJ、RSI、DMI（使用默认参数）后，就可开始分析。

一、"有惊无险"形态

（一）形态特征

1.股价见底后向上反弹，KDJ 指标快速回升，J 线和 K 线冲到超买区后，随股价调整而 J 线和 K 线回落并击穿 D 线，但有惊无险，J 线和 K 线在 D 线之下运行 3 个交易日左右，再次发力向上金叉 D 线，D 线随之上行。此为短线买入点。

2. 股价见底后向上反弹，在底部 6 日 RSI 金叉 12 日 RSI 后，上穿中轴线进入强势区。因股价调整，6 日 RSI 回落，当回落至 12 日 RSI 附近时，却有惊无险，6 日 RSI 企稳后反转向上，12 日 RSI 随之向上，该股依然处于强势走势。此为短线介入点。

3. 股价在低位 DI1 金叉 DI2，行情由空头转为多头，因庄家洗盘，股价回档，DI1 由上向下、DI2 自下而上两线渐渐趋近，即将构成死叉时却有惊无险拒绝死叉。这表明行情仍趋向多方。

（二）形态含义

这组信号的形成多为庄家洗盘所致，股价即将展开主升行情或突破盘档高峰。如果发现这三大指标在同一时段里发出买入信号，应大胆介入，一般会买在主升行情之前。此组信号既可判底，又可测顶。

（三）案例实战精要

如图 3-26 所示，钱江水利（600283）股价经过一轮下跌到达 4.26 元底部，由于主动买盘悄然介入，股价在底部企稳后向上反弹。庄家为了进一步夯实底部基础，行情进入强势整理。随后组合指标显示：KDJ 指标向上金叉后，J 线和 K 线迅速到顶，12 月底 J 线和 K 线快速金叉 D 线，D 线再度向上，出现这种图形，可判断此时是短线良好的买入点。

RSI 指标在超卖区金叉后，进入强势区，随股价回调整理，6 日 RSI 回落至 12 日 RSI 附近获得支撑，6 日 RSI 和 12 日 RSI 强劲上移，表明该股处于强势状态。

此时，DMI 指标的走势是，当 DI1 由上向下、DI2 由下向上两线即将构成死叉时，却有惊无险地拒绝死叉，有力地朝两边分开，表明趋向指标向多头发

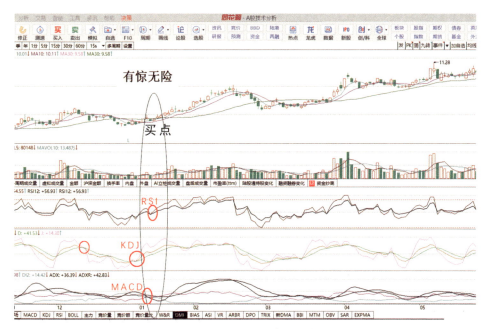

图 3-26 钱江水利出现"有惊无险"形态，为买入信号

展。可见，三大指标同时发出买入信号，且成交量放大，应大胆买入，此后该
股出现稳定攀升行情。

二、"彩蝶飞舞"形态

（一）形态特征

1. 股价见底后向上小幅反弹，因庄家打压洗盘，股价回落或呈横盘走势，J
线和 K 线向下死叉 D 线，D 线随之下移至中轴线附近企稳。J 线和 K 线在 D 线
之下运行 3 个交易日左右，再次发力向上金叉 D 线，D 线随之上行。为短线买
入点。

2. 股价见底后向上反弹，在底部 6 日 RSI 金叉 12 日 RSI 后，上穿中轴线
进入强势区。因股价调整 6 日 RSI 回落至 12 日 RSI 附近时企稳，12 日 RSI 不
破中轴线。6 日 RSI 反转向上，12 日 RSI 随之向上，该股依然处于强势走势。

此为短线介入点。

3.DI1 由上向下、DI2 自下而上两者趋向于某一个点上（接近或黏合），此时 ADX、ADXR 也由上向下趋向于这个点上，四条线纠缠成一团，且 DI1、DI2、ADX、ADXR 的数值均不大（一般小于 30）。很快，DI2 下行，DI1、ADX、ADXR 上行，DMI 指标产生一个"蝴蝶结"形态，可谓彩蝶飞舞。此为买入点。

（二）形态含义

这组信号同样是庄家洗盘所为，说明洗盘已结束，投资者应择机介入，与庄共舞。此信号可用于判底，也可用于测顶。

（三）案例实战精要

如图 3-27 所示：

五矿发展（600058）股价经过一轮下跌后，在底部 18.32 元企稳向上反弹，

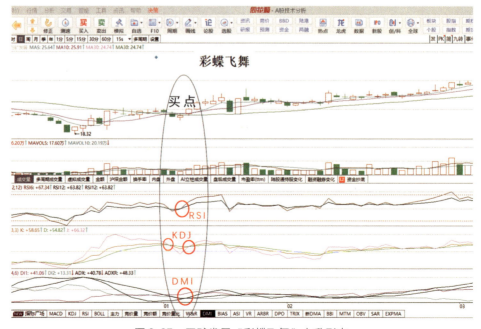

图 3-27　五矿发展"彩蝶飞舞"上升形态

主力为了获得更多的廉价筹码或夯实底部，便进行横盘整理，形成小平台。此时的指标特征为：当年 1 月 4 日，KDJ 指标向下死叉，1 月 9 日快速向上金叉，出现这种图形，为短线买入点。

1 月 4 日，RSI 指标 6 日 RSI 触及 12 日 RSI 后反转向上，12 日 RSI 在中轴线获得支撑，随后 6 日 RSI 上行，为强势信号。

1 月 2 日，DMI 指标中的四条曲线纠缠成一团后，1 月 6 日 DI1 与 DI2 向两边分开，ADX、ADXR 尾随其上，出现一只向上飞舞的"彩蝶"。据此分析，该股短期将出现上扬行情，投资者应积极介入，分享利润。

三、"深水炸弹"形态

（一）形态特征

1.股价经过一轮下跌后企稳反弹，KDJ 金叉向上，但 J 线和 K 线未到超买区即转而向下，D 线也未过中轴线而转身向下，KDJ 指标形成死叉，反弹昙花一现。这表明跌势未尽，底部深不可测，此为短期沽出点。

2.股价经过一轮下跌后，产生小幅反弹，6 日 RSI 金叉 12 日 RSI 后，无力有效上攻到达强势区，在中轴线附近反转向下再度构成死叉，再度转弱。这验证了前面的反弹为下跌中继信号，后市跌幅深不可测，此为卖出信号。

3.DI1 与 DI2 形成金叉后，DI1 在 DI2 之上运行时间很短（一般为 3 个交易左右），再度快速形成死叉，DMI 指标在图形上产生"X"形态，为再度转弱信号，后市跌幅深不可测。

（二）形态含义

这组信号多数形成于下跌通道之中，即下跌平台或反弹的中继信号，其后市一般跌幅较深，表明庄家出货坚决，故称其为"深水炸弹"，一点都不夸张。如遇此组信号应尽快止损离场，以求东山再起。此组信号的最大优点是可以将下跌中继平台与中短期底部、二次探底、庄家洗盘区别开来，在实战中很管用。

（三）案例实战精要

如图 3-28 所示：

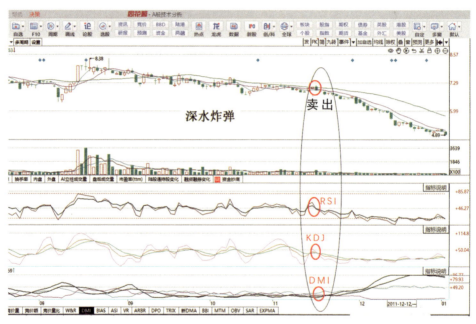

图 3-28 五洲交通出现"深水炸弹"形态的卖出位置

五洲交通（600368）于当年 8 月，股价从 8.38 元上方的相对高位开始下跌，当跌至 6.82 元下方时，初步企稳并小幅反弹。此处到底是下跌中继平台，还是中短期底部？投资者不可轻举妄动，应静下心来观察一下相关指标的走势。该股在此小平台运行 10 个交易日左右，于当年 11 月 15 日 KDJ 指标向下构成死叉，D 线未过中轴线反转向下，卖点出现。RSI 指标在中轴线之下反转向上，但上穿至中轴线附近回落，6 日 RSI 死叉 12 日 RSI，12 日 RSI 向下勾头，这是典型的弱势反弹特征。DI1 与 DI2 金叉后，快速形成死叉，在图形上留下一个"X"形态，也为弱势特征。通过观察，此处为下跌中继平台。因此，12月2日这天应当毫不犹豫地止损出局。此后，该股出现一波较大的跌势。

第七节　"鹏程万里"形态组合分析

"鹏程万里"形态是指 BIAS、BIAS36 指标相互配合使用，其最大优点就是能够及时地反映出股价短期偏离正常价值运行规律，即远离（向下或向上）短期平均价值区，使股价产生反弹或回档，从而产生买卖信号。其操作方法为：当股价向上或向下远离平均线时，根据葛兰威尔八大法则，有向移动平均线回归的要求。在实盘中，当移动平均线出现过大的间距时，应立即观察 BIAS 指标，找到一个参考数据，当它大于或小于某个数值（绝对值）时，随时有可能产生反弹或回档，即构成买卖信号。为了提高保险系数，可以再参考 BIAS36 指标，如果信号一致，投资者可以大胆果断地做出买卖决策。

在同花顺软件 K 线图界面，敲出 BIAS，BIAS36（可在指标广场搜索并安装）后，就可开始分析。

BIAS36 指标的应用法则：

1.BIAS36 指标的乖离极限值随个股不同而不同,投资者可利用参考线设定,固定其乖离范围。

2. 当股价的正乖离扩大到一定极限时，股价会产生向下拉回的作用力。

3. 本指标可设立参考线。

BIAS36 指标值有正数与负数之分，多空平衡点为 0，即 0 轴。其数值随着股市的强弱，周而复始地围绕 0 轴上下波动。从长期图形变动我们可看出，正数达到某个程度无法再往上升的时候，便是卖出的时机；反之，便是买进时机。在多头走势中，行情回档多半是在 BIAS36 乖离到 0 轴附近获得支撑，即使跌破也很快能够拉回。反之亦然。

一、"止乱反正"形态

（一）形态特征

1. 股价运行于正常的轨道之中，突然股价持续性大幅下跌，远离 30 日移动平均线。这意味股价下跌过急，有短线反弹要求，以修复技术指标。投资者可以适当介入抢反弹。

2. BIAS 指标向下远离 0 轴，30 日 BIAS 值超过 –25 或接近历史最小值（可以根据不同个股设立正负各两条参考线），表明空方力量已到极限，行情随时有反弹的可能。

3. BIAS36 指标向下远离 0 轴，其值超过 –0.50 或接近历史最小值（可以根据不同个股设立正负各两条参考线），表明空方力量已到极限，行情随时有反弹的可能。

（二）形态含义

这组信号大多为庄家大幅洗盘或受到利空消息影响所致，股价经过持续性深幅下跌后，空方力量基本消耗殆尽，股价很快见底，或利空消息出尽，股价重新回归。见到这组图形特征时，不该对行情继续看空、做空，应做好做多准备，持股者应坚定持股，空仓者可以分批介入。

提示：本指标组合不适用于问题股和强庄股。

（三）案例实战精要

如图 3-29 所示：

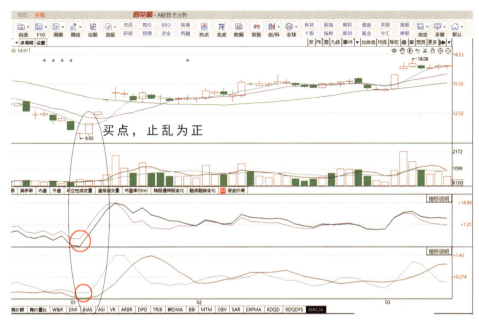

图 3-29　云煤能源出现"止乱为正"形态后上升

云煤能源（6000792）从当年 11 月出现持续性下跌走势，30 多个交易日跌幅超过 40%。股价远离移动平均线，根据移动平均线原理，有回归移动平均线之要求，以修复技术指标。次年 1 月 6 日，5 日 BIAS 为 –9.80，10 日 BIAS 为 –15.36，30 日 BIAS 为 –27.83。BIAS 指标偏离正常运行轨道，出现历史底部 9.95 元，反弹行情在即。

同期的 BIAS36 指标向下远离 0 轴，其值达到 –0.89，接近历史最小值，空方弹尽粮绝，反弹一触即发。指标组合分析，买入信号一致，有短线获利机会，其后该股出现强劲的反弹可轻松地做一波短线行情。

二、"合久必分"形态

（一）形态特征

1. 股价经过一轮下跌后，在低位进行盘整，庄家进场收集筹码，5 日、10

日、30 日均线在底部黏合（持续时间越长、黏合越紧，后市上涨力度越大）。如果 5 日均线脱离黏合开始上行，10 日、30 日均线呈多头排列，成交量放大，表明底部形成。

2. 随着股价在底部企稳，BIAS 指标逐步向 0 轴靠近，5 日、10 日、30 日 BIAS 线黏合在一起（持续时间越长、黏合越紧、距离 0 轴越近，后市涨幅越大），或呈锯齿状微幅波动，此时 BIAS 指标处于盲区，但应重点关注。如果 5 日、10 日、30 日 BIAS 线脱离黏合状态，出现向上发散走势，为行情启动信号。

3. 股价处于调整时期，振幅渐渐收敛，BIAS36 线在 0 轴附近微幅波动（持续时间越长、距离 0 轴越近，波动幅度越小，后市涨幅越大），此时 BIAS36 指标处于盲区，但应重点关注。如果 BIAS36 线脱离 0 轴出现明显的上升走势，此为行情启动信号，应及时跟进做多。

（二）形态含义

这组信号大多为庄家在下跌或横盘时，埋伏其中悄悄吸取筹码，使行情处于低迷状态，一旦出现向上突破，沉寂多时的上攻能量一下会爆发出来，可谓股井喷发，势不可当。因此当突破信号发生时，投资者就应果断买入。

本组指标需要注意的就是在买入信号形成之前，不可过早盲目介入，因为股市无真正底部，还有更低的底部。此组信号既可判底，又可测顶。

（三）案例实战精要

如图 3-30 所示，凌钢股份（600231）该股上市后即有主力在建仓，主力采取先放量拉高、后打压吸筹的方法通吃筹码，K 线形态呈横盘走势，5 日、10 日、30 日均线在底部几乎黏合成一条线，时间达 20 多个交易日。

7 月 7 日，吃饱肚子的主力发力向上，5 日均线脱离黏合状态，出现明显的向上走势，当日成交量放大，30 日均线随之向上，形成多头排列。同期的

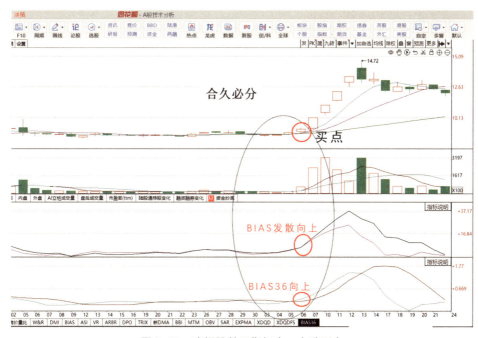

图 3-30　凌钢股份三指标合一上升形态

BIAS 线围绕 0 轴附近微幅波动，5 日、10 日、30 日 BIAS 线黏合在一起，持续时间达 20 多个交易日。这时散户投资者应重点关注其后市盘面变化，做好向下卖出、向上买入的准备，行动果断，不可犹豫。

　　当日，三条 BIAS 线出现向上发散，为行情启动信号。再观察一下 BIAS36 指标，此时该指标与 BIAS 指标基本一致，也在 0 轴附近微幅波动，时间达 20 多个交易日，7 月 7 日 BIAS36 线脱离 0 轴出现明显的上升势头。

　　三大指标相互验证统一，投资者可以大举介入，其后该股出现井喷式上涨，连续 4 个涨停板，短期获利丰厚。

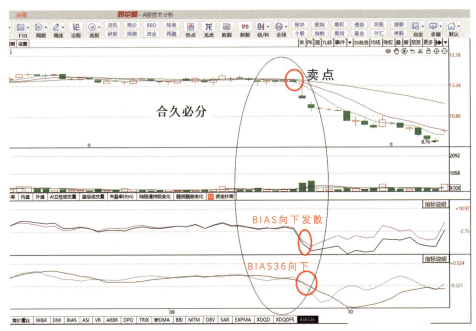

图 3-31　上海建工出现"合久必分"形态后产生暴跌

　　如图 3-31 所示，上海建工（600170）股价经过充分炒作和挖掘后，无法继续再上台阶，庄家在高位构筑平台（箱体）出货，时间长达 5 个多月，5 日、10 日、30 日均线在高位黏合在一起，当庄家把手中的筹码派发得差不多时，于当年 9 月 21 日出现向下破位，形成卖出信号。

　　同期的 BIAS 指标在 0 轴附近小幅波动，5 日、10 日、30 日 BIAS 线有黏合迹象并呈锯齿状走势，时间达 5 个多月之久。9 月 21 日，BIAS 线向下发散，产生下跌信号。此时的 BIAS36 指标也呈同样走势，在 0 轴附近微幅波动，时间达 5 个多月之久。当日，出现明显的向下走势。据此分析，此时应坚决卖出。其后股价飞流直下，出现暴跌。

三、"回归自然"形态

（一）形态特征

1. 股价运行于正常的轨道之中，突然持续性大幅上涨，远离 30 日移动平均线。这意味着股价上涨过急，有短线回档要求，以修复技术指标，投资者可以减磅或清仓。

2. BIAS 指标向上远离 0 轴，30 日 BIAS 值超过 25 或接近历史最大值（可以根据不同个股设立正负各两条参考线），表明多方力量已到极限，行情随时有回档的可能。

3. BIAS36 指标向上远离 0 轴，其值超过 0.50 或接近历史最大值（可以根据不同个股设立正负各两条参考线），表明多方力量已到极限，行情随时有回档的可能。

（二）形态含义

这组信号大多为庄家大幅拉升或受到利多消息影响所致。股价经过大幅上涨，很快见顶，或利多消息出尽，股价回归。见到这组图形特征时，投资者不该对行情继续看多、做多，应有高位风险防范意识，持筹者应减仓或沽出，空仓者可观望。

（三）案例实战精要

如图 3-32 所示，江西长运（600561）股价经过深幅下跌后在底部企稳，然后向上出现报复性反弹，股价成功穿过 30 日移动平均线，并在此稍加整理，紧接着股价飞快向上，远离 30 日移动平均线。根据葛氏移动平均线原理可判断，股价有回归移动平均线的要求，以修复技术指标。当年 5 月 7 日，5 日 BIAS 为 6.55，10 日 BIAS 为 13.75，30 日 BIAS 为 36.88。BIAS 指标偏离正常运行轨道，创出历史最大值，随时有回档的可能。

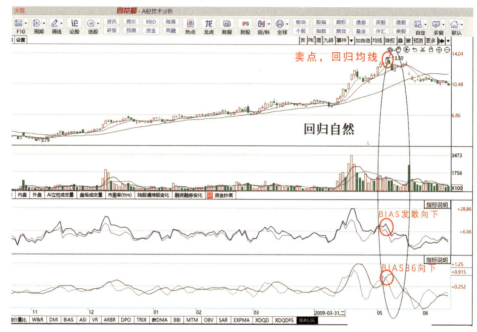

图 3-32　江西长运"回归自然"形态

同期的 BIAS36 指标向上远离 0 轴，其值达到 0.75，接近历史最大值，多方粮尽弹绝，有回档要求。据指标组合分析，卖出信号一致，其后该股出现下跌走势。

第八节　"天衣无缝"形态组合

"天衣无缝"形态是指 OBV、WVAD 指标相互配合使用，主要是运用能量与市场趋势关系，来判断行情的涨跌变化，其主要操作方法是：当 OBV 指标发出买卖信号时，要看是否得到 WVAD 指标的支持配合。如果相互一致，再看看成交量是维持原来水平，还是持续放大态势。如果成交量维持原来的低水平，则有假多头或假空头嫌疑；如果价升量增则产生有效的持续上升，价跌量增则是下跌走势，此时如果移动平均线也是相应的多头或空头排列，那么它的持续性行情的概率相当大，则可大胆做出买卖决策。

在同花顺软件 K 线图界面中，敲出 OBV、WVAD（使用默认参数）后，就可开始分析。

一、"鱼跃龙门"形态

（一）形态特征

1.OBV 指标在底部长期（一个月以上）窄幅波动，几乎呈直线或锯齿状走势（曲线越直，时间越长，后市涨幅越大）。突然有一天 OBV 线鱼跃龙门，干净利索地突破直线或锯齿状走势中的任一高点，且力度很大（大于 45 度，小于 80 度）。

2.WVAD 指标长期（一个月以上）在 0 轴上下窄幅波动，几乎呈直线或锯齿状走势（一般波动于 –100 ~ +100 之间，短期波动数值范围更大）。突然有一天 WVAD 线脱离 0 轴线向上抬头，干净利索地突破直线或锯齿状走势中的任一高点，且力度很大（45 度以上，80 度以下）。

3. 在成交量上，当日成交量大于前一日或是 5 日成交均量的 80% 以上，5 日成交均量大于或接近于 10 日成交均量，场外资金介入明显。

4.5 日均线与 10 日均线形成金叉（或者 5 日均与 10 日均线金叉或者 5 日均线已在 10 日均线上运行），30 日均线走平或者已经上移，呈现多头排列。

（二）形态含义

这组信号的最大优点是发现大行情，捕捉大黑马，最适合长期横盘、底部构筑扎实的个股。这种走势大多数蓄势已久，爆发力很强，上升空间往往令人不敢想象，因此被认为是黎明前的宁静。经验证明，运用此组信号选的股票，有的在很短时间内（1 ~ 3 个月内）翻倍，有的半年以上翻倍。假如你会做波段，收益更丰厚，专盯几只这样的股票来回做波段就行了。

需要指出：不追求每只股票都能翻倍，我们追求的是庄家拉升，立即跟进，在很短的时间内获得最大的收益（一般在 20% 以上）。此组信号既可判底，又可测顶。

（三）案例实战精要

如图 3-33 所示：

图 3-33　特变电工变身大黑马

特变电工（600089）该股经过盘跌后，长期处于横盘筑底走势，庄家悄悄进场吸收筹码，振荡幅度逐渐收敛。

当年 12 月 20 日前，OBV 线呈水平直线或锯齿状走势，时间长达 100 多个交易日，意味着此区域积蓄了较多的上攻能量。这天，OBV 线向上脱离盘整走势，力度强劲，干净利索，当日 OBV 线收盘点为 54.82，大于水平直线或锯齿状中的最高点 55.83，角度大于 45 度。

WVAD 线在 0 轴附近呈锯齿状走势，时间超过一个月，意味着此区域积蓄了较多的上攻能量。12 月 20 日，WVAD 线也向上突破，角度大于 45 度，当日指标收于 127.99 点，大于水平直线或锯齿状中的最高点 72.45。

成交量放大，当日成交量 25004 手，大于 5 日均量 8408 手，5 日均量大于 10 日均量 5903 手。当日，5 日均线金叉 10 日均线，30 日均线抬头向上，K 线为阳。

可见，该股符合上述指标组合要求，投资者应积极介入或追涨买进。此后该股短期内翻番，给投资者一个特大的惊喜。

二、"擒庄有招"形态

（一）形态特征

1. OBV 指标从高处下降到某个点位后，形成一个均衡区，即横盘呈锯齿状走势，此时如果股价还在下降，OBV 线却没有随之创出新低，则形成背离走势，表明庄家在刻意打压股价吸货，即出少进多，当 OBV 线慢慢上移并形成一个向上的小型"N"形波时，此为买入点。

2. WVAD 指标随股价下跌而下降，当达到一定的位置后企稳，甚至出现上升走势，而此时股价仍然继续逐波下跌，不见企稳迹象，两者呈背离形态，应配合其他指标寻找合适的介入点。

3. 成交量呈温和放大，或者出现价升量增和价跌量减现象，场内交投气氛开始活跃，5 日均量大于或等于 10 日均量。

4. 5 日均线金叉 10 日均线，30 日均线上升或走平，此为买入点。或者均线系统呈横向黏合走势，当出现向上突破时，即为买入点。

（二）形态含义

这组信号表明股价下跌已到尽头，或者说已跌无可跌了，见底信号一目了然，如继续下跌实属空头陷阱。遇此组信号时，应逢低介入，一般买在行情启动前的"地板价"上。而行情启动前总是在不知不觉中慢慢上移，或出现再次快速探底，投资者在介入后还需几分耐性。此组信号既可判底，又可测顶。

（三）案例实战精要

如图 3-34 所示：

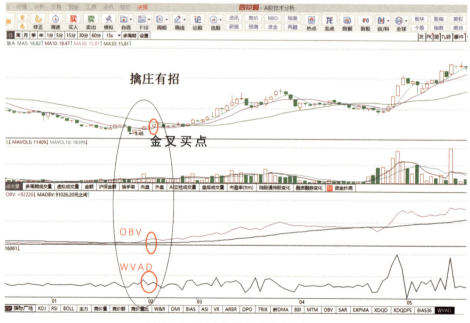

图 3-34　南玻 A 地板"擒庄"买入

南玻 A（000012）在当年网络股行情中被大炒一波，股价逐波下跌，1 月底股价下降到 9.48 元。那么此时的技术指标是怎样的呢？OBV 线从 12 月中旬开始即已形成一个均衡区，没有随股价创新低而创新低，次年 1 月下旬构成一个向上的小型 N 形波，并与股价形成背离走势。WVAD 指标在 2002 年 1 月

25 日形成最低点后，并未随股价的下跌而创出新低点，反而逐波上行，形成明显的背离走势。

此时，成交量出现"地量"水平后，温和放大，量价配合理想，5 日均线处于 10 均线之上。在均线系统中，5 日均线已金叉 10 日均线，30 日均线下降趋缓呈走平迹象。综合上述指标组合分析，该股已经具备短中期买入条件，投资者应逢低介入做多。其后，股价出现振荡上扬行情，印证了指标组合的分析判断。

三、"一步登天"形态

（一）形态特征

1.OBV 指标在锯齿状走势中，突然在某几天时间里出现急速上升，角度大于 80 度，股价出现暴涨，尤其是当 OBV 急速上升之后，不能继续向上创出新的"N"形波，出现回落或呈锯齿状走势，说明股价已经欲涨无力，行情可能出现短期顶部。或者在持续呈小型"N"形波上升的行情中，突然在某个时间段里 OBV 线出现急速上升，角度大于 80 度，这可能是行情最后的疯狂期，预示着股价即将见顶。

2.WVAD 指标绝大多数时间围绕 0 轴上下波动，即在常态波动之中，突然在某几天时间里 WVAD 指标急剧上升，力度很大（超过 80 度），其后无力继续上升，出现回落或呈锯齿状走势，这说明股价已经欲涨无力，行情可能出现短期顶部。或者盘升向上的 WVAD 线，突然在某个时间段里出现急速上升，角度大于 80 度。这可能是行情最后的疯狂期，预示着股价即将见顶。

3. 当日（或近几日）成交量急剧放大，超过 5 日均量的一倍甚至几倍，达到近期天量水平。这预示着能量过度释放，大伤元气，有休养的要求。

4. 股价迅速上升，远离移动平均线，乖离率迅速加大，根据葛氏移动平均线应用法则，股价有回归移动平均线的要求。

（二）形态含义

这组信号由多种因素形成，最突出的是庄家试拉升，或是行情最后的疯狂期，或是受利好消息暴涨，但无论缘于何因，这种走势不会长时间持续，短期股价见顶概率较高，且股价回落较快、幅度较大。因此，投资者遇此组信号时，应干净利索卖出（待符合买入条件时，重新再进），切勿拖泥带水。注：此组信号用于判顶准确可达98%以上，但用于判底安全性差一些，一般不用。

（三）案例实战精要

如图3-35所示，青山纸业（600103）股价经过一轮急跌后，于当年1月下旬触底3.94元反弹，振荡向上，展开一轮多头攻势行情，在此期间指标处于多头常态波动，不以为奇。

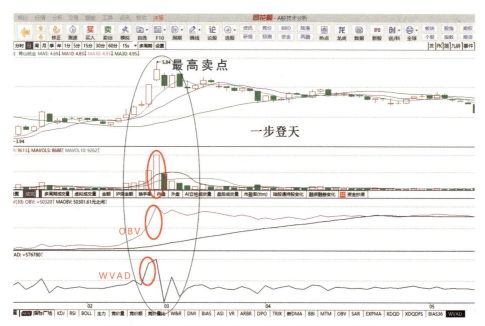

图3-35　青山纸业出现"一步登天"形态，气力用完

3月11—12日，OBV线急剧上升，角度大于80度，而后不能继续上升，回落呈锯齿状走势。

同期的WVAD指标也出现同样的走势，原来在0轴附近波动的WVAD线，突然出现快速上升，角度大于80度，随后冲高回落。成交量急剧放大，超过5日均量2倍，股价快速远离移动平均线，乖离率迅速加大。

可见，上述指标信号符合"一步登天"组合，是短期卖出的最佳时机，此后该股出现盘跌走势。

微信扫码添加同花顺陪伴官小顺
获取更多图书增值服务

第四章

同花顺特色技术指标实战运用

第一节　同花顺特色技术指标的运用

在第一章，我们介绍了同花顺特色技术指标，这些指标在同花顺软件中使用很方便。本章将其在实盘中的具体运用和法则做出讲解，帮助读者更好地理解，加以运用。

一、"短线高手"指标的运用

（一）判断市场趋势

通过观察"短线高手"指标的数值和走势，投资者可以判断市场的短期趋势。多方能量持续上升并超过空方能量，可能预示着市场将出现上涨趋势；反之，则可能预示着市场将出现下跌趋势。

（二）捕捉交易机会

当"短线高手"指标发出买入或卖出信号时，投资者可以结合其他技术指标和市场情况进行综合判断，以捕捉短线交易机会。例如，SK 线上穿 SD 线并伴随多方能量上升，可能是一个较好的买入时机；反之，则可能是卖出时机。

如图 4-1 所示：

图 4-1 "短线高手"指标运用

二、"财运亨通"指标的运用

（一）判断市场趋势

通过观察"财运亨通"指标的 SK、SD 线走势，投资者可以判断市场的短期趋势。SK 线向上穿越 SD 线，可能预示着市场将出现上涨趋势；反之，则可能预示着下跌趋势。

（二）捕捉交易机会

结合"财运亨通"指标的买卖信号线和其他技术指标，投资者可以捕捉市场的短线交易机会。例如，SK 线从下方上穿 SD 线，投资者可以考虑逢低买入；反之，SK 线从上方下穿 SD 线，投资者可以考虑逢高卖出。

（三）结合其他指标使用

虽然"财运亨通"指标具有一定的分析功能，但投资者在使用时仍应结合其他技术指标和市场情况进行综合判断。通过多方面信息的相互印证，可以提高投资决策的准确性和可靠性。

如图 4-2 所示：

图 4-2 "财运亨通"指标的运用

三、"波段之星"指标的运用

（一）识别买卖信号

"波段之星"指标可以帮助投资者识别股票价格的买入和卖出信号。当指标在低位形成金叉（即 AK、AD、AJ 三条线中的某两条或全部从下向上穿越）时，此时可能是一个买入时机；当指标在高位形成死叉（即某两条或全部从上向下穿越）时，此时可能是一个卖出时机。

（二）观察背离情况

在 K 线图中，股价创新高但波段之星指标并未同步创新高（或创新低但指标未同步创新低），出现背离情况，可能预示着股价即将出现反转。

（三）超买超卖判断

一般来说，波段之星指标日线在低位向下突破 0 形成的金叉和高位向上突破 150 形成的死叉更加有效，可以理解为出现超买超卖的情况，后续可能会有反弹或回调。

如图 4-3 所示：

图 4-3 "波段之星"指标的运用

四、"智能飓风中线"中线指标的运用

（一）指标的应用规则

"智能飓风中线"中线指标的数值越高，表示股票当前的中期趋势越有可能向上；反之，数值越低，则表示股票中期趋势越有可能向下。

当股价越来越高，但智能飓风中线指标的数值却越来越低，形成顶背离时，此时是卖出时机；当股价越来越低，但智能飓风中线指标的数值却越来越高，形成底背离时，此时是买进时机。

如图 4-4 所示：

图 4-4 "智能飓风中线"中线指标的运用

五、"猎鹰歼狐"指标的运用

观察"猎鹰歼狐"机构做空能量线的走势，可以帮助投资者判断市场中的空头力量是否正在增强或减弱。该指标持续上升并达到较高水平，可能意味着市场中的做空力量正在增强，投资者应警惕可能的下跌风险。相反，如果指标线持续下降并处于较低水平，表示做空力量正在减弱，可能出现反弹的机会。

（一）趋势判断

投资者可以通过观察"猎鹰歼狐"机构做空能量线的走势来判断市场的下行趋势。如果该指标线持续上升，可能意味着机构做空力量在增强，市场面临下跌压力。

（二）空头机会识别

对于寻找空头机会的投资者，"猎鹰歼狐"机构做空能量线是一个重要的参考工具。该指标线处于高位并继续上升，可能表明市场存在做空机会，投资者可以考虑卖出或做空相关股票。

（三）风险管理

在投资过程中，风险管理是至关重要的。"猎鹰歼狐"机构做空能量线可以帮助投资者识别市场中的潜在下跌风险。当该指标线发出警示信号时，投资者可以采取相应的措施来规避风险，如减少仓位或设置止损点。

（四）背离操作

当股价创新高，但"猎鹰歼狐"却不创新高，表示股价将要下跌，可卖出。

当股价创新低，但"猎鹰歼狐"却不创新低，表示股价将要上涨，可买进。

如图 4-5 所示：

图 4-5　"猎鹰歼狐"指标的运用

六、"四季猎狐"指标的运用

（一）判断主力资金的动向

当"四季猎狐"（主力能量）指标曲线上升时，表示主力资金正在流入该股票，市场上涨的可能性增加；反之，当指标曲线下降时，表示主力资金正在流出该股票，市场下跌的风险增加。投资者可以根据这一规律来判断主力资金的动向，从而把握市场的趋势。

（二）辅助判断买卖点：

在个股的波段行情中，投资者可以结合"四季猎狐"（主力能量）指标和其他技术指标来辅助判断买卖点。例如，指标曲线从低位开始上升并突破某一重要压力位，可能是一个买入信号；而指标曲线从高位开始下降并跌破某一重要支撑位，可能是一个卖出信号。

如图 4-6 所示：

图 4-6　"四季猎狐"（主力能量）指标的运用

七、"猎狐雷达"指标的运用

（一）观察指标图形

查看"猎狐雷达"指标图形，注意指标线的位置和走势。当指标线在某一区域内形成山峰（数值在 20 以上），并接触到或超过天线时，这可能意味着主力资金在这个位置有所行为，即这个区域可能是主力的成本区。

（二）结合其他指标

为了更准确地判断市场走势和买卖时机，投资者可以将"猎狐雷达"指标与其他技术指标（如"主力能量""波段之星"等）结合使用。当多个指标发出相似的信号时，其可靠性通常更高。

如图 4-7 所示：

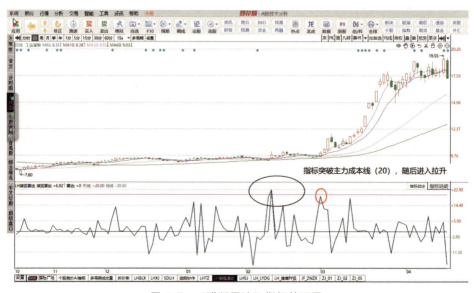

图 4-7　"猎狐雷达"指标的运用

八、"猎狐探针"指标的运用

（一）关注趋势

这一指标是洞悉主力持仓量的。"猎狐探针"指标不断创出新高，表示主力正在加仓。猎狐探针不断创出新低，表示主力正在减仓。

（二）关注主力资金

在使用"猎狐探针"指标时，投资者应关注市场整体趋势。如果市场整体处于上涨趋势，且猎狐探针显示主力资金在加仓，那么这可能是一个较好的买入信号；反之，如果市场整体处于下跌趋势，且猎狐探针显示主力资金在减仓，那么这可能是一个卖出信号。

如图 4-8 所示：

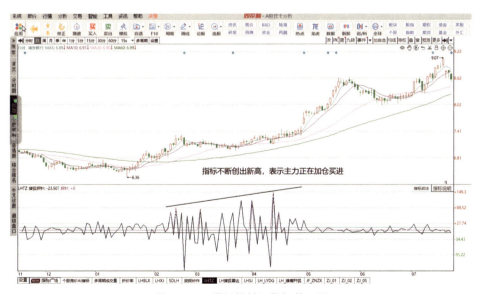

图 4-8 "猎狐探针"指标的运用

九、"波段炒作"指标的运用

（一）关注趋势

首先需要关注股票的整体趋势。"波段炒作"指标更适用于具有明显上升或下降趋势的个股。确保你操作的股票处于多头行情（上升趋势）中，避免逆势操作。

识别波段高低点："波段炒作"指标通常能够显示波段的高低点。股票价格上涨到某一高位并出现回调迹象，这可能是一个卖出信号；相反，股票价格下跌到某一低位并出现反弹迹象，这可能是一个买入信号。

（二）结合成交量

成交量是判断波段行情是否真实有效的关键指标。在股票价格上涨时，如果成交量也同步放大，说明上涨动力强劲，波段行情可能持续；反之，如果成交量萎缩，可能意味着上涨动力不足，波段行情即将结束。

图 4-9   "波段炒作"指标的运用

　　观察波段趋势线："波段炒作"指标通常会显示波段趋势线。如果股票价格在趋势线上方运行，说明波段行情处于强势阶段，可以继续持有；如果股票价格下跌并跌破趋势线，说明波段行情可能结束，需要及时卖出。

　　如图 4-9 所示。

十、"神雕猎狐"指标的运用

（一）判断市场走势：

　　这个指标是关注主力资金指数的。如果指数与散户资金指数同时处于低位，可能表明市场处于下跌趋势，此时投资者应谨慎操作。

　　如果主力资金指数从低位向上突破，而散户资金指数仍处于低位，可能意味着主力资金开始介入，投资者可以关注股票的后续走势。

　　若主力资金指数上升到高位并拒绝回落，同时股价逆势走强，这可能是大牛股主升浪的标志，投资者可以积极参与。

（二）把握买卖时机

　　主力资金指数向上突破散户资金指数，可能是一个追涨的信号，投资者可以考虑买入。

　　若两个指数同时处于高位（如 50 以上），无论是主力还是散户，均属于强势整理阶段。此时，从主力角度看，足以维持持股者的信心；从散户角度看，是是短线吸纳的良好机会。

　　如图 4-10 所示：

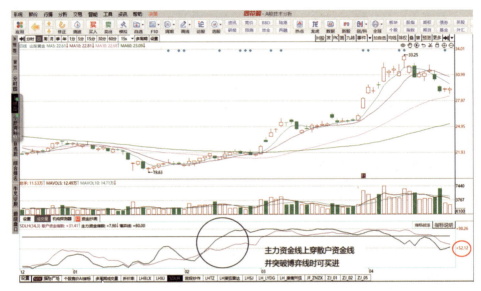

图 4-10 "神雕猎狐"指标的运用

十一、"猎狐先觉"指标的运用

（一）判断主力动向

通过观察"猎狐先觉"指标中黑线（主力弃盘）和紫线（主力控盘）的相对位置以及它们之间的交叉情况，我们可以初步判断主力资金的动向。

（二）操作精要

如果紫线持续位于黑线之上，并且两者之间的距离逐渐扩大，那么可能意味着主力资金正在积极买入股票，市场走势可能向好。相反，如果黑线持续位于紫线之上，并且两者之间的距离逐渐扩大，那么可能意味着主力资金正在撤离市场，市场走势可能转弱。

如图 4-11 所示：

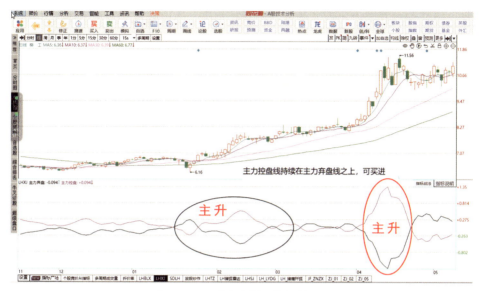

图 4-11 "猎狐先觉"指标的运用

十二、"领航布林线"指标的运用

（一）判断趋势

股价在布林线通道内稳定运行，通常表示市场处于相对平衡的状态。

如果股价触及或突破上轨线，可能意味着市场处于超买状态，投资者应警惕价格回调的风险。如果股价触及或跌破下轨线，可能表示市场处于超卖状态，投资者可以关注买入机会。

（二）交易信号

股价从上轨线回落并穿越中轨线，可能是一个卖出信号，表明市场动能正在减弱。股价从下轨线反弹并穿越中轨线时，可能是一个买入信号，表明市场动能正在增强。

（三）波动性

布林线通道的宽窄可以反映市场的波动性。通道变宽，表示市场波动性增加，可能预示着即将出现大的行情波动。相反，通道变窄，表示市场波动性降低，可能预示着市场即将进入盘整或趋势反转阶段。

（四）结合其他指标

在使用"领航布林线"指标时，我们可以结合其他同花顺特色技术指标（如猎狐探针、波段炒作等）和基本面分析来提高投资决策的准确性。

（五）调整参数

投资者可以根据自己的交易风格和偏好，调整"领航布林线"指标中的标准差倍数和移动平均线的周期等参数，以适应不同的市场环境和股票特点。

如图 4-12 所示：

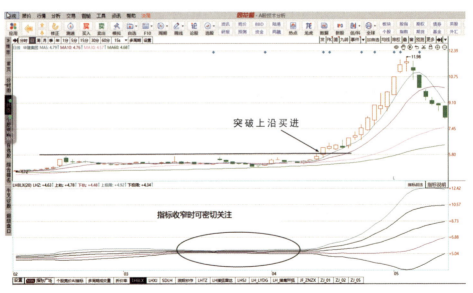

图 4-12　"领航布林线"指标的运用

第二节　同花顺特色功能分析

同花顺软件的特色技术分析功能相当丰富，下面就其主要的分析功能做初步介绍。

一、同花顺"问财"选股功能

同花顺软件提供了多种选股功能，如问财选股、形态选股、鹰眼盯盘、短线精灵、智能选股、股票池选股、基本面选股等。这些功能可以帮助投资者根据自己的需求轻松地分析和选择股票。读者可点击同花顺软件界面顶部的"分析"菜单，即可进入使用。这里重点讲解问财选股功能，这是同花顺特有的功能之一，非常方便和实用，可以便捷帮助读者选出我们想要的个股，如图4-13所示：

图 4-13　问财选股界面

我们将自用的短线盘中选股策略分享给大家做参考：以纯技术面为主，暂不考虑基本面和消息面。

盘中短线操作的标准为，当天 5% 以下（不追高）或绿盘 –2% 以上（伏击潜伏的主力），走势明显强于大盘，盘中量比＞ 3，盘口有大单，盘中大单扫掉大卖单。持股一天至出现卖出信号为准（一般 1 ~ 5 天），当天一般不会跌（选股依据为支撑）；第 2 天如下跌 –5% 需及时止损，盈利 10% 以上以出局信号为准，胜率 80% 左右，盈亏比最低在 2：1 以上，平均为 5.6：1。如想进一步提高胜率和盈亏比，可参考"同花顺炒股实战精要丛书"，如《同花顺盘口技法实战精要》《同花顺量价分析实战精要》《同花顺分时技法实战精要》，将其中技法综合进短线选股中，即可大幅提高系统性能，提高胜率、盈亏比、回撤率、收益率等等性能指标。

在问财搜索框中输入"走势强于大盘，盘口有大单，涨幅＜ 5%，大单扫盘，量比＞ 3"（如图 4–14 所示），查询结果如图 4–15 所示。

图 4–14　按条件查询问财

图 4-15　问财查询个股结果

二、同花顺"个股雷达"选股

这个功能较早版本还有，新版本没了，但其功能与股票预警是一样的。它是一个在交易时间帮助投资者在股市上监控任何值得注意的情况的工具。投资者可以在这里自己定义涨跌幅度、量比、绝对价位、成交量异动、指标突破价位等一系列的预警条件。个股雷达有两种设置方式："向导式雷达条件设置"和"快速雷达条件设置"。

这是根据同花顺特有算法在短线盘中捕捉瞬时机会的利器，在《同花顺分时技法实战精要》一书中，我们将其功能做成盘中预警模块，并公开公式源码，读者可自行参阅。

三、同花顺"优选交易系统"

这个功能允许投资者测试各个不同的交易系统对于某一支特定股票的有效程度，以优化投资决策。

"优选交易系统"是个非常专业的技术，在国内一众股票软件中，同花顺这个功能可以说是相当不错的。我们据此评测功能，结合短线盘中技法，综合中长期图表综合评测，收益率可达1000%以上，回撤在20%以内，周期是10年，起始资金100万，年化收益率为26%。长期使用同花顺软件的读者可自行评测，对股票进行优选。

四、同花顺"历史回忆"和"未来预演"

这两个功能允许投资者回顾过去的市场走势，并预测未来的市场变化。

这个功能是自我学习的利器，属于动态复盘法。当年我们初入市场时，屡屡受挫，但越挫越勇，靠的就是这两个功能进行复盘训练。我们每天收盘后复盘至凌晨或节假日时不停复盘训练，逐步形成自己的体系，可以说"历史回忆"功不可没。在本书的最后章节我们会把以前复盘的方法分享给读者。

五、同花顺"超级盘口"

这个功能比"分时走势"图更加细致，把当天每一笔成交的记录都清晰地展现出来，有助于投资者仔细分析，把握其中的机遇。

这个功能是同花顺独有的，和其他股票软件的区别是，同花顺用的周期是15秒、30秒，其他股票软件是每笔成交。这个功能相当于用放大镜观察股价变动，可发现在分时曲线上发现不了的细节，要知道细节决定成败。这个也是我们看盘时必用的，是非常实用的功能。

六、同花顺"多周期图"

这个功能可以在一个画面里同时监控多个周期的 K 线走势情况，省去了频繁切换周期的不便。

这个功能很实用，看大做小，简单地说就是站在全局观和大周期里观察股市，"站得高才可看得远""不谋全局者，不足以谋一域"。

七、同花顺诊股功能

该功能使用独创的价值投资模型和庞大的基本面数据库，对上市公司的股票进行成长性、风险性及总股本的综合分析及评定。

这个同花顺根据特有算法编制的诊股功能系统，可做买卖时的重点参考。

另外，同花顺软件还有其他强大的功能，快捷键为 F9，感兴趣的读者可以多试用。

在实战中使用比较多的同花顺特色功能，主要是操作短线的特色技术分析功能，下文还会做比较详细的解读。

第三节　同花顺预警功能在实战中的运用

同花顺软件的预警功能是一个非常重要的工具，它允许投资者根据自己的投资策略和风险偏好，设置特定的条件来监控股票的动态。当满足这些条件时，同花顺软件会自动发出预警通知，帮助投资者及时把握投资机会。

一、同花顺的预警功能

以下是同花顺软件个股预警的具体说明和使用法则：

1. 具体说明

预警条件设置：投资者可以根据自己的需求，设置多种预警条件，如股价涨跌幅度、成交量、换手率、MACD 金叉死叉等。这些条件可以根据个人的投资策略和风险偏好进行灵活调整。

预警方式：同花顺软件支持多种预警方式，如手机推送、短信通知、邮件提醒等。投资者可以根据自己的需求选择适合自己的预警方式。

预警时段：投资者可以设置预警的生效时间，例如只在交易时间进行预警，或者在特定时间段内进行预警。

2. 使用法则

明确投资策略：在使用个股预警功能之前，投资者需要明确自己的投资策略和目标，以便设置合适的预警条件。

灵活调整预警条件：市场情况在不断变化，投资者需要根据市场情况灵活调整预警条件，以确保预警的准确性和有效性。

关注预警通知：当同花顺软件发出预警通知时，投资者需要及时关注并进行分析，以便把握投资机会。

监控多个股票：同花顺软件的个股预警功能支持同时监控多个股票。投资者可以将自己关注的股票添加到预警列表中，以便同时监控它们的动态。

定期回顾和评估：投资者需要定期回顾和评估自己的预警设置和效果，以便发现不足并进行改进。

3. 预警功能实战详解

同花顺盘中预警功能使用法则如下：

注册并登录同花顺账户：如果你还没有同花顺账户，需要先注册一个账户，然后登录。

进入自选股页面：登录成功后，在同花顺软件的首页，点击左侧菜单栏中的"自选股"按钮，进入自选股页面。

选择需要设置预警的股票：在自选股页面中，你可以看到已经添加的自选股列表。选择需要设置预警的股票，点击进入股票详情页面。

设置预警条件：在股票详情页面中，点击页面上方的"提醒"按钮，进入股票预警设置页面。在这里，你可以根据个人需求设置各种预警条件，比如股价涨跌幅、成交量等。点击页面右上方的"+"按钮，可以添加新的预警条件。

选择合适的提醒方式：设定好预警条件后，需要选择合适的提醒方式。同花顺支持多种提醒方式，如弹窗提醒、邮件通知或短信提醒等。选择你偏好的方式以确保及时接收预警信息。

保存并启用预警条件：设置好预警条件和提醒方式后，点击页面右上方的"保存"按钮，将预警条件保存起来。同时，需要点击页面右上方的"启用"按钮，才能使设置的预警条件生效。

接收并处理预警信息：当股票满足设定的预警条件时，同花顺会自动发送相应的预警信息。你需要及时关注并处理这些预警信息，以便根据市场变化做出及时的投资决策。

此外，同花顺还支持批量设置预警功能，允许你同时监控多只股票的价格、涨跌幅等指标。这可以大大节省你的时间，提高投资效率。

如图 4-16 所示：

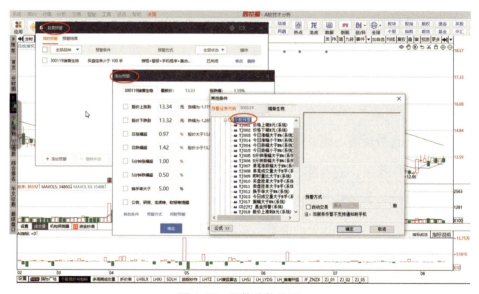

图 4-16　预警功能界面

读者朋友可将《同花顺分时技法实战精要》和《同花顺盘口技法实战精要》里的方法，按照本节介绍的盘中预警使用步骤和使用法则自行使用。

二、如何使用指标进行预警

同花顺软件的指标预警功能使用步骤如下：

1. 明确预警需求

你需要明确自己想要监控哪些指标以及对应的预警条件。这可能包括股价、成交量、换手率、MACD 指标等。

2. 进入预警设置页面

在同花顺软件中，你可以通过点击相应的股票或指数，然后在其详情页面中找到"预警"或"提醒"的设置选项。

3. 设置预警条件

股价预警：当股价达到某个价格、涨幅或跌幅时发出预警。

成交量预警：当成交量超过或低于某个数值时发出预警。

换手率预警：当换手率超过某个百分比时发出预警。

4. 技术指标预警

对于 MACD、KDJ、RSI、BOLL、MA 等技术指标，你可以设置当指标线交叉、上穿或下穿某个数值时发出预警。

5. 选择预警方式

同花顺软件支持多种预警方式，如系统弹窗、手机推送、短信通知等，根据自己的需求选择合适的预警方式。

6. 保存并启用预警

设置好预警条件和预警方式后，记得保存并启用预警。这样，当满足你设置的条件时，同花顺软件就会自动发出预警通知。

7. 定期检查和调整

由于市场状况和个人投资策略可能会发生变化，你需要定期检查和调整自己的预警设置。例如，你可以根据市场走势调整股价或成交量的预警数值。

如图 4-17、图 4-18 所示：

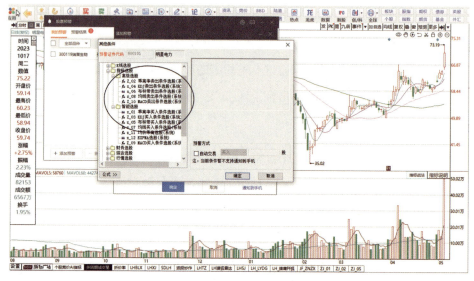

图 4-17　预警界面指标设置

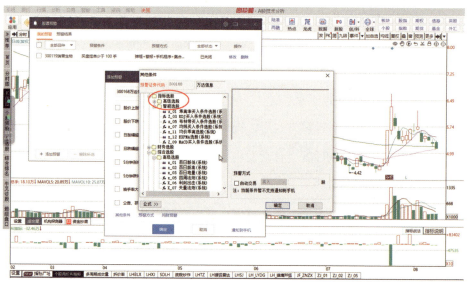

图 4-18　预警界面根据条件筛选品种

读者朋友们可将本书里的介绍的方法，按照本节介绍的指标预警使用步骤和方法参照使用。

第四节　运用同花顺"鹰眼盯盘"捕捉短线机会

同花顺"鹰眼盯盘"功能是一个强大的股票监控工具，旨在帮助投资者在交易时间内监控股市的异动情况，从而及时发现可能的投资机会。

一、根据使用要求设置"鹰眼盯盘"

（一）具体说明

首先打开同花顺软件，在"智能"一栏里选择"鹰眼盯盘"，再按照书中设置进行使用即可。

1.监控对象

"鹰眼盯盘"可以监控整个股票市场或特定板块的股票，包括大单买入、卖出、股票大幅下跌和上涨等异动情况。

2.预警条件

投资者可以根据自己的投资策略和需求，设置特定的预警条件。例如，可以设置当某只股票的涨幅或跌幅超过一定百分比时发出预警，或者当某只股票的单笔成交量或成交额超过某个数值时发出预警。

3.预警方式

同花顺软件支持多种预警方式，如系统弹窗、手机推送、短信通知等。投资者可以根据自己的需求选择合适的预警方式，以便及时接收预警信息。

（二）使用法则

1.明确监控目标

在使用"鹰眼盯盘"之前，投资者需要明确自己想要监控的股票或板块，以及关注的异动类型。

2. 设置预警条件

根据监控目标和投资策略，设置合适的预警条件。注意条件设置要合理，避免过于频繁或过于宽松的预警。

3. 选择预警方式

根据自己的需求选择合适的预警方式，确保能够及时接收预警信息。

4. 灵活调整设置

市场情况和个人投资策略可能会发生变化，投资者需要定期检查和调整"鹰眼盯盘"的设置，以确保其始终符合自己的监控需求。

二、运用"鹰眼盯盘"捕捉短线机会

使用同花顺"鹰眼盯盘"可以即时发现主力异动，捕捉短线机会，读者可按照书中技术或自己积累的方法自行设置条件，或直接选中本书列举的条件，如图 4-19、图 4-20 所示：

图 4-19 "鹰眼盯盘"设置界面

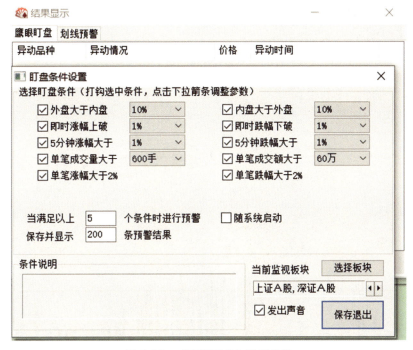

图 4-20 "鹰眼盯盘"设置参数

图 4-20 勾选的条件是我们在日常操作中经常用到的关注主力盘中异动的一些迹象。通过这些迹象捕捉到个股后,可密切关注其后续的走势。如做短线,可于盘中或收盘时买进。做中长线可持续观察其每日盘中出现的异动,其异动越多,则说明该股后续发力的概率越大。

三、运用"划线预警"捕捉中长线机会

打开同花顺软件,在"智能"一栏里选择"鹰眼盯盘",再选择右侧的"划线预警",设置相应参数即可。

同花顺的"划线预警"也是非常实用的盯盘功能,使用也很简单,在上面的盘中盯盘界面中可以同时使用,找出异动品种。将需要分析的股票画上趋势

线后加入到"划线预警"中，一旦盘中触发趋势线，即可发出预警。如图4-21、图4-22、图4-23所示：

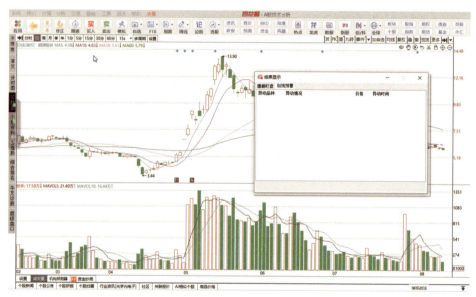

4-21 "划线预警"界面

图4-22 "划线预警"盯盘买入

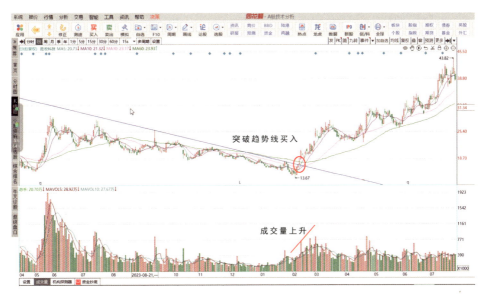

图 4-23　"划线预警"盯盘买入

第五节　运用同花顺"短线精灵"捕捉异动个股

同花顺软件的"短线精灵"功能是一个专为短线投资者设计的实时监控工具，它能够帮助投资者快速捕捉市场中的短线机会。

一、根据使用要求设置"短线精灵"

（一）具体说明

1.功能概述

"短线精灵"实时监控沪深 A 股的涨跌、成交、盘口、资金流向及板块热点，迅速给出异动信息，帮助投资者及时把握市场机会。

2. 监控指标

目前同花顺"短线精灵"，是通过个股、自选股、板块、指数、全部A股等不同目标，设置不同数据项如成交异动、走势异动、挂单异动、撤单异动等，帮助投资者监控和筛选出现异动的个股，并及时把握市场机会、提示相关风险。

3. 实时显示

在软件右下角处，"短线精灵"不断滚动显示各股票的实时动态，帮助投资者快速了解市场动态。

（二）使用法则

1. 设定监控条件

投资者可以根据自己的投资策略和需求，设定特定的监控条件。例如，可以设定当某只股票的成交量或涨跌幅超过一定数值时，"短线精灵"发出提示。

2 关注实时动态

投资者需要密切关注短线精灵滚动显示的实时动态，以便及时发现市场中的短线机会。

3. 结合其他工具

"短线精灵"虽然功能强大，但投资者在做出投资决策时，还需要结合其他工具和技术指标进行分析，例如可以结合K线形态、同花顺特色指标等，对股票的走势进行更深入分析。

（三）"短线精灵"的使用

"短线精灵"的设置也很简单，打开同花顺软件，在"智能"一栏里选择"短线精灵"，打开设置按钮进行设置，就可以使用了。

如图 4-24、图 4-25 所示：

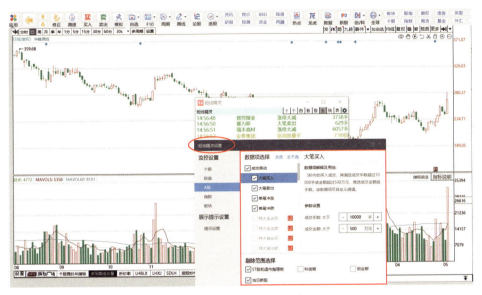

图 4-24　"短线精灵"参数设置

图 4-25　"短线精灵"监控实时异动情况

二、运用"短线精灵"把握盘中个股异动

设置好"短线精灵"的条件后，点击"短线精灵"右上角的"表"，即可弹出当日或设置某一日全市场符合异动条件的实时个股统计列表。然后我们在其中选出将要操作的标的股票，如图所示：

短线精灵统计

2024年 8月22日

序号	股票名称	大笔买入	大笔卖出	急速拉升	猛烈打压	区间放量涨	区间放量跌	区间放量平	单笔冲涨	单笔冲跌	封涨停板	打开涨停板	封跌停板	打开跌停板
1	旗天科技	57407	37850	17	15	0	0	0	0	1	0	0	0	0
2	云里物里	0	0	16	10	0	0	0	0	1	0	0	0	0
3	世纪鼎利	140381	110784	15	11	1	0	0	0	1	0	0	0	0
4	青云科技	28374	12694											
5	翌固利	39204	15788	13	4	2	0	0	3	0	10	9	0	0
6	N远大	0	0	11	10	0	0	0	0	0	0	0	0	0
7	晶赛科技	0	0	11	7	0	0	0	0	0	0	0	0	0
8	田中精机	0	0	11	13	1	1	0	0	0	0	0	0	0
9	天龙集团	64491	0	11	3	1	0	1	0	0	0	0	0	0
10	好上好	0	11107	11	12	0	0	0	0	0	0	0	0	0
11	辰奕智能	0	0	10	8	0	0	0	1	0	0	0	0	0
12	中信出版	0	0	10	5	1	0	0	1	0	0	0	0	0
13	星云股份	0	0	10	3	1	0	0	2	0	0	0	0	0
14	力源信息	465013	500953	10	6	0	0	0	0	0	0	0	0	0
15	华菱线缆	0	0	10	2	2	0	1	0	0	0	0	0	0
16	亚华电子	0	0	9	6	0	0	0	4	0	1	1	0	0
17	长盛轴承	28563	35502	9	12	0	0	0	1	0	0	0	0	0
18	宣通世纪	40221	0	9	5	0	0	0	1	0	0	0	0	0
19	ST聆达	0	0	9	12	0	0	0	0	0	0	0	0	0
20	华谊兄弟	303800	287011	9	12	0	0	0	1	0	0	0	0	0

图 4-26 "短线精灵"选出符合条件的个股

我们点击大单买入排序，关注显示靠前的个股，再从其大单买入与大单卖出之差中取其最大的个股重点关注，图中排名第 9 的个股"天龙集团"的大单买入与大单卖出之差为最大，可在盘中逢低或遇到均线支撑处买进，该股有机会在尾盘封于涨停。

微信扫码添加同花顺陪伴官小顺
获取更多图书增值服务

附 录

专业术语解析

一、技术术语

K线 又称蜡烛图、日本线、阴阳线等。起源于日本十八世纪德川幕府时代的米市交易，用来计算米价每天的涨跌。因其标画方法具有独到之处，人们把它引入股票市场价格走势的分析中，经过几百年的发展，已经广泛应用于股票、期货、外汇，期权等证券市场。该线可以用不同颜色分别表示股票的开盘价、最高价、最低价和收盘价。

K线组合 在股市实战中，当几根或一组K线组合在一起时，会发出建仓或卖票的信号。投资者根据这些K线组合，可以提高盈利和减少风险。K线组合形态有很多，投资者要不断熟悉和运用。

阳线 指收盘价高于开盘价的K线。阳线表示股价上涨。

阴线 指开盘价高于收盘价的K线。阴线表示股价下跌。

上影线 在K线图中，从实体向上延伸的细线叫上影线。在阳线中，它是当日最高价与收盘价之差；在阴线中，它是当日最高价与开盘价之差。

下影线 在K线图中，从实体向下延伸的细线叫下影线。在阳线中，它是当日开盘价与最低价之差；在阴线中，它是当日收盘价与最低价之差。

实体线　指当日开盘价与收盘价之差。

十字星　是一种只有上下影线，没有实体的 K 线图。开盘价即收盘价，表示在交易中，股价出现高于或低于开盘价成交，但收盘价与开盘价相等。其中：上影线越长，表示卖压越重；下影线越长，表示买盘旺盛。在股价高位或低位出现十字线，可称为转机线，意味着出现反转。

吊颈线　指当股价经过一轮上涨之后，在高位出现一条较长的下影线，无论是阴线还是阳线，均被称为吊颈线。通常来说，吊颈线是强烈的卖出信号。

锤头线　外形看起来像一把锤头，其特征是 K 线实体部分很小，一般无上影线或者上影线很短，但下影线很长。在下跌过程中，尤其是在股价大幅下跌后出现锤头线，股价转跌为升的可能性较大。

红三兵　一般指 K 线连续拉出三根阳线，表明股价短期可能反弹上行。如果这一形态出现在底部，并且量能放大，股价后市上涨的概率和空间较大。

黑三兵　一般指 K 线连续拉出三根阴线，表明股价短期可能见顶回落。如果这一形态出现在顶部，并且量能放大，股价后市下跌的概率和空间较大。

穿头破脚　表示第二根 K 线将第一根 K 线从头到脚全部包在里面。这种形态有两种，一种是在底部出现，一种是在顶部出现。从技术上说，底部出现穿头破脚（阳包阴）是股价回升的信号，顶部出现穿头破脚（阴包阳）是股价见顶回落的信号。

楔形　具体是指底部线和顶部线在运行过程中不断汇合，可分为上升楔形和下降楔形。楔形属于整理形态。

对称三角形　又称为等边三角形，一般情形之下，对称三角形是属于整理形态，即价格会保持原来的趋势。

旗形　这种 K 线形态就像一面挂在旗顶上的旗帜，通常在急速而又大幅的市场波动中出现。价格经过一连串紧密的短期波动后，形成一个稍微与原来趋势呈相反方向倾斜的长方形，这就是旗形走势。

菱形 从外形上看，很像钻石。菱形可以看成扩散喇叭形与对称三角形的合并图形，左半部和扩散喇叭形态一样，其市场的含义也相同。菱形属于反转形态。

喇叭型 指股价经过一段时间的上升后下跌，然后再上升再下跌，上升的高点较上次高，下跌的低点亦较上次的低点低。整个形态以狭窄的波动开始，然后向上下两方扩大。如果把上下的高点和低点分别连接起来，就可以画出一个镜中反照的三角形状，这便是喇叭形。喇叭型属于反转形态，分为上升型和下降型。

V 型 指股价在下跌过程中，刚开始，空方的力量异常强大，一直压制着股价持续下滑。随后，多空双方的力量对比出现变化，多方的力量开始变得更为强大，推动股价出现大幅回升，并且超过下跌前的高点。在 K 线形态上，形成像字母"V"的形态。V 型反转是强烈转势信号，投资者可考虑逢低入场。V 型走势属于反转形态。

W底 指股价在下跌过程中形成两次底部，K 线形态走势看起来如英文字母"W"。它一般发生于波段跌势的末期，一般不会出现在行情趋势的中途。当W底出现时，意味着中期底部来临。见此形态，投资者可考虑入场建仓。W底属于反转形态。

M头 也称双头。M 头形态正好是 W 底形态的倒置，其股价走势犹如英文字母"M"，属于一种头部形态。M 头的形成是由于股价经过一段时间的上涨之后，一些投资者开始出逃。股价在经过短期的下跌后，获得支撑又重新向上攀升，然后在股价前期高点附近再次下跌，从而形成 M 头形态。见此形态，投资者最好先卖股离场。M 头形态属于反转形态。

头肩顶 顾名思义，图形由左肩、头、右肩及颈线组成。股价在上涨过程中，先形成左肩，然后形成头部，最后形成右肩。通常来说，如果头肩顶形态出现在顶部，股价向下逆转的可能性较大。这种形态属于反转形态。

头肩底　与头肩顶对应，头肩底图形同样由左肩、头、右肩及颈线组成。股价在下跌过程中，先形成左肩，然后形成倒转过来的头部，最后形成右肩。通常来说，如果头肩底形态出现在底部，股价向上逆转的可能性较大。这种形态属于反转形态。

圆弧底　这种形态的形成是由于价格经过长期下跌之后，原先比较凶猛的卖压逐渐消失。因为人气受损，股价只得在底部长期盘整。随后，弱势行情开始稍有扭转，买盘开始增加，股价缓慢上升，表现在 K 线图中宛如锅底状。这种形态属于反转形态。

均线　是移动均线指标的简称。由于该指标是反映价格运行趋势的重要指标，其运行趋势一旦形成，将在一段时间内继续保持，趋势运行所形成的高点或低点分别具有阻挡或支撑作用，是投资者常用的交易技术指标之一。

金叉　是指短期移动均线上穿中期移动均线，或者短期、中期移动均线同时上穿长期移动均线的走势图形。因为这种均线组合是比较好的建仓机会，故被称为"金叉"。

死叉　与金叉相反，是指短期移动均线下穿中期移动均线，或者短期、中期移动均线同时下穿长期移动均线的走势图形。因为这种均线组合预示着股价将下跌，故被称为"死叉"。

5 日均线（MA5）　就是 5 天股票成交价格或指数的平均值，对应的是股价的 5 日均线和指数的 5 日均线。

周线（MA7）　就是一周的 K 线，以周一开盘价为周线的开盘价，以周五收盘价为周线收盘价。以一周内最高价为周线最高价，一周内最低价为周线最低价。

月线（MA30） 在股市中，一般以一个日期为中心，在这个日期经过 30 个交易日，就会算一个月线周期。长久下来，4 个月线周期构成半年线。

半年线（MA120） 是按照股市 120 个交易日收盘点数相加的总和除以 120 而来。

年线（MA250） 又称牛熊分界线，一般指 250 日均线。因为一年间去掉正常休息日以及节假日外，所有的交易日加起来在 250 天左右，所以年线表示在一年的所有交易日里所有投资人的移动成本，是均线系统中最重要的参考线之一。

多头排列 指短期均线上穿中期均线，中期均线上穿长期均线。均线系统呈向上发散状态。多头排列代表多方（买方）力量强大，后市将由多方主导行情，此时是建仓入场的机会。

空头排列 指短期均线下穿中期均线，中期均线下破长期均线。均线系统呈向下发散状态。空头排列代表空方（卖方）力量强大，后市将由空方主导行情，此时是抛股离场的机会。

趋势线 指用来衡量价格波动方向的直线，由趋势线的方向可以明确地看出股价的趋势。在上升趋势中，将两个低点连成一条直线，就得到上升趋势线。在下降趋势中，将两个高点连成一条直线，就得到下降趋势线。上升趋势线起支撑作用，下降趋势线起压力作用。

压力线 又称为阻力线。当大盘或股价上涨到一定位置时，指数或股价会停止上涨，并转身回落，这是空方在此抛出股票所致。压力线起阻止行情继续上涨的作用。不过，压力线并不是一成不变的，而是动态变化着的。

支撑线 又称为抵抗线。当大盘或股价下跌到一定位置时，指数或股价会停止下跌，并企稳回升，这是多方开始在此买入股票所致。支撑线起阻止指数或股价继续下滑的作用。

通道线 又称轨道线。在已经得到了趋势线后，通过第一个峰和谷可以作出这条趋势线的平行线，这条平行线就是通道线。通道线是趋势线概念的延伸，当股价沿趋势上涨到某一价位，会遇到阻力，回档至某一价位又获得支撑，通道线就在接高点的延长线及接低点的延长线之间上下来回。当通道线确立后，股价就非常容易找出高低价位所在，投资人可依此判断来操作股票。一般认为，先有趋势线，后有通道线。二者的含义也有所区别。

上升通道 顾名思义，指大盘或个股在一段时间内有规律地运行于两条平行线（或近似平行线）之间，并且趋势向上时，即为上升通道。通常来说，上升通道代表牛市或行情向好，可以大胆持股。

下降通道 与上升通道相反，指大盘或个股在一段时间内有规律地运行于两条平行线（或近似平行线之间，并且趋势向下时，即为下降通道）。通常来说，下降通道表示熊市或行情转坏，此时空仓持币最为安全。

二、交易术语

右侧交易 在价格的右侧进行买入，一般指突破交易。

左侧交易 在价格的左侧进行买入，也叫逆向交易，一般指突破逢低买入。

交易员 负责执行投资者交易指令的人，自己没有太多自主权。但在国内，交易员和操盘手经常指同一类人。

操盘手 就是为别人炒股的人，操盘手主要是为大户（投资机构）服务的，他们往往是交易员出身。

交易时间 根据现行规定，股票交易时间为星期一至星期五，每日 9：15 可以开始参与交易，11：30 至 13：00 为中午休息时间，下午 13：00 再开始，15：00 交易结束。

集合竞价 指在每个交易日上午 9：15 至 9：25 由投资者按照自己所能接

受的心理价格自由地进行买卖申报，电脑交易主机系统对全部有效委托进行一次集中撮合处理。

连续竞价 是交易所在每日 9：30 连续交易开始后，按"价格优先，时间优先"原则撮合成交的一种竞价方式。集合竞价未能撮合成交的委托自动转入连续竞价。

申报限制 指投资者买卖有价格涨跌幅限制的证券时，在价格涨跌幅限制以内的申报为有效申报，而超过涨跌幅限制的申报为无效申报。

涨跌幅限制 指证券交易所为了抑制过度投机行为，防止市场出现过分的暴涨暴跌，在每天的交易中规定当日的证券交易价格在前一个交易日收盘价的基础上上下波动的幅度。

涨（跌）停板 交易所规定的股价一天中涨（跌）最大幅度为前一日收盘价的百分数，不能超过此限，否则自动停止交易。

T+0 交收 T 是指股票成交的当天日期，凡在股票成交当天办理好股票和价款清算交割手续的交易制度，也称为 T ＋ 0 交易。

T+1 交收 是指交易双方在当天交易，第二个交易日完成与交易有关的证券、款项收付，即次日买卖双方交割完成，也称为 T ＋ 1 交易。

大宗交易 又称大宗买卖，一般是指交易规模，包括交易的数量和金额都非常大，远远超过市场的平均交易规模。

指定交易 是指凡在上海证券交易所交易市场从事证券交易的投资者，均应事先明确指定一家证券营业部作为其委托、交易清算的代理机构，并将本人所属的证券账户指定于该机构所属席位号后方能进行交易的制度.

内幕交易 是指内幕人员和以不正当手段获取内幕信息的其他人员违反法律法规的规定，泄露内幕信息，根据内幕信息买卖证券或者向他人提出买卖证券建议的行为。

场内交易　又称交易所交易，指所有的供求方集中在交易所进行竞价交易的交易方式。这种交易方式具有交易所向交易参与者收取保证金、同时负责进行清算和承担履约担保责任的特点。

场外交易　又称柜台交易，指非上市或上市的证券，不在交易所内进行交易，而在场外市场进行交易的活动。

对敲转账　这是转账交易的一种方式，是证券经纪商赚取投资利润的一种手段。经纪商们经低价买进股票，并收取客户的佣金，再以高价卖给另一客户，这样就赚取了大量利润。

调期转账　这是转账交易的一种方式，由于投资者的"信用交易"融资期限将到，手头不便，便将到期的股票出售，偿还融资后再买进股票，这样便延长了一次融资机会，这是延长信用交易的技巧。

作价转账　这是转账交易的一种方式，一般是由某些投资集团操纵。他们先设两个以上的账户，然后将自己账户中的某些股票价位拉高，拉锯式地将股价抬高到顶峰状态，而后大量抛出以吸引游资，等股票完全脱手，便再营造出这种股票不利的氛围，搞得人心惶惶，中小投资者纷纷大量低价抛售，他们抓住这个时机再大量购入。这种利用空头原理、借转账手段以达到蒙骗投资的行为，就叫作价转账。

撮合交易　转账交易的一种方式。股票经纪商同时接受两户以上同类同价同量的买卖委托时，顺理成章地给他们相互转账调配。买卖双方称心如意地相互交换股票，而经纪商居中一转手便赚了两笔佣金，三方皆大欢喜。有时买卖双方在量、价、类上有些出入，那么经纪商就会从中调剂，把交易做成。

转托管　这是专门针对深圳证券交易所上市证券托管转移的一项业务，指投资者将其托管在某一券商那里的深交所上市证券转到另一个券商处托管，是投资者的一种自愿行为。投资者在哪个券商处买进的证券就只能在该券商处卖出。投资者如需将股份转到其他券商处委托卖出，则要到原托管券商处办理转托管手续。投资者在办理转托管手续时，可以将自己所有的证券一次性地全部转出，也可转换部分证券。

三、操作术语

仓位 指投资人实有投资资金和实际投资的比例。

建仓 指投资者开始买进看涨的股票。这种交易行为就叫建仓。

平仓 指投资者在股票市场上卖出证券的行为。

增仓 指股价上涨过程中，投资者在持有某种证券一定数量的基础上，又买入同一种证券，以达到增加盈利的目的。

补仓 指股价下跌过程中，投资者在持有某种证券一定数量的基础上，又买入同一种证券，以达到摊薄成本的目的。

减仓 指卖掉手中持有的一部分股票的行为。

斩仓 指投资者预计手中的股票还将继续下跌，不得不在亏损状态下将股票卖出。

半仓 用一半的资金买入股票，账户上还留有一半现金的操作方法。

满仓 也叫全仓。就是把账户上所有的资金，都买成了股票，就叫满仓。

空仓 指投资者将所持有的股票全部抛出，手中持有现金而无股票的情况。这种状态就叫空仓。

爆仓 指在某些特殊条件下，投资者保证金账户中的客户权益为负值的情形。

仓位管理 指投资者根据大盘运行趋势、个股涨跌变化，对自己手中的资金和股票进行科学动态管理的行为，其目的是减少损失，提高盈利。

挂单 就是指在股市交易过程中，投资者进行股票买卖时填写的委托单子。

撤单 就是在未成交之前，撤回之前的委托单。

扫单 指在交易过程中，突然冒出大批量的巨大买单。一旦出现这种情况，股价通常会快速飙升。

套牢 是指买进股票交易后，出现股价下跌造成账面损失的情况。

解套 指先前亏损的股票，交易价格后面回升到成本价之上。

止损 又叫割肉。指高价买进股票后，股价下跌，为避免继续损失，投资者斩仓出局，从而导致实际损失的情况。

止盈 即指当股价上涨到目标位后，挂单出货。

市价委托 指投资者对委托券商成交的股票价格没有限制条件，只要求立即按当前的市价成交就可以。由于不限制成交价格，所以能确保即时成交，是市价委托的最大好处。

限价委托 客户向证券经纪商发出买卖某种股票的指令时，对买卖的价格作出限定，即在买入股票时，限定一个最高价，只允许证券经纪人按其规定的最高价或低于最高价的价格成交；在卖出股票时，则限定一个最低价。

看盘 又称盯盘，是短线投资者必做的日常工作。

复盘 是指投资者在股市收盘后再静态地重新查看市场变动情况，以便对后市涨跌有新的认识。

洗盘 指庄家为达到炒作目的，必须在途中让低价买进、意志不坚的散户抛出股票，以减轻上档压力，同时让持股者所持股票的平均价位升高，以利于施行做庄的手段。

震仓 指股价在一天之内忽高忽低，变化幅度很大。与洗盘有一定相似性。

对敲 是庄家或机构投资者的一种交易手法。具体操作方法为：在多家营业部同时开户，以拉锯方式在各营业部之间报价交易，故意营造利于己方的盘面虚假现象，达到操纵股价的目的。

护盘　指市场气氛低迷、人气欠佳时，主力机构大量购进股票，防止大盘或股价继续下滑的行为。

砸盘　简单来说就是用巨额大单持续不断向下打压股价。

打压　是主力将股价大幅度压低，然后在打压之后便大量买进，为日后拉升出货谋求利润做准备。

吃货　股市中，庄家在较低价位不动声色地买进股票，叫作吃货或吸货。

出货　与吃货相反。出货指庄家在高价时，暗中卖出股票，谋取利润。

抄底　指投资者认为股价已经跌到最低点，预期股价将会很快反弹的一种建仓行为。

逃顶　在股票价格上涨过程中，投资者估计上涨即将要到顶部，股价可能会止涨转跌的时候，选择将股票卖出。然后，股价果然下跌，投资者成功逃过，就称为逃顶。

多翻空　原本看好行情的多头，随着行情变化，看法随之变为看跌后市。

空翻多　原本看跌行情的空头，随着行情变化，看法随之变为看涨后市。

买空　预计股价将上涨，因而买入股票，在实际交割前，再将买入的股票卖掉，实际交割时收取差价或补足差价的一种投机行为。

卖空　预计股价将下跌，因而卖出股票，在发生实际交割前，将卖出股票如数补进，实际交割时只结清差价的投机行为。

逼空　就是多头不断把股价往上推，一直涨到摧毁空头心理为止。

踏空　简单来说，就是空仓不动，没有提前买入，只能看着股票不断上涨。

吊空　指投资者做空头（抢空头帽子），卖出股票后，但股票价格当天并未下跌，反而有所上涨，只得高价赔钱买回。

多杀多　指投资者普遍认为当天股价将上涨，于是争相买进，然而股价却没有大幅度上涨，当交易快结束时，竞相卖出，造成收盘价大幅度下跌。

空杀空　指投资者普遍认为当天股价将下跌，于是争相卖出，然而股价却没有大幅下跌，交割前，只好纷纷补进，反而促使股价在收盘时大幅度升高。

诱多　指主力、庄家有意制造股价上涨的假象，诱使投资者买入，结果股价不涨反跌，让跟进做多的投资者套牢的一种市场行为。

诱空　指主力、庄家有意制造股价下跌的假象，诱使投资者卖出，结果股价不跌反涨，让跟进做空的投资者踏空的一种市场行为。

骗线　指庄家或大户利用散户迷信技术分析数据、图表的心理，故意抬拉、打压股指，致使技术图表形成一定形态，引诱股民买进或卖出，从而达到利于己方获利的一种行为。

坐轿子　指目光独到或事先得到信息的投资人，在利多或利空消息公布前，先买进或卖出股票，然后坐等股价大幅上涨或下跌，从中收获利润的行为。

抬轿子　是指利多或利空信息公布后才醒悟，预计股价将会大起大落，立刻抢买或抢卖股票的行为。抢利多信息买进股票的行为称为"抬多头轿子"，抢利空信息卖出股票的行为称为"抬空头轿子"。结果往往是让他人获利，而自己获利不多，甚至遭遇亏损。

下轿子　坐轿客逢高获利了结利润即为下轿子。

高抛低吸　简单来说就是低位买进，高位卖出。虽然这种操作策略是投资者都想掌握的方法，但因所谓的低位和高位很难判断，所以真正懂得精髓难度极大，需要投资者在反复的实战中不断总结经验和教训。

波段操作　是针对股市呈波段性运行特征较为有效的操作方法。由于在每年的行情中，无论大盘还是个股，都有主峰和主谷，因此，投资者可以把波谷作为建仓买入的机会，把峰顶作为卖出的机会。如此反复操作，就叫波段操作。

追涨杀跌　是散户最常见的操作方式之一，追涨就是看见股价上涨就立即追进买入，买入后股价不涨反跌，于是立即恐慌卖出。这是一种不加分析、被主力牵着鼻子走的错误投资行为。

四、统计术语

市盈率 简称 PE，是某种股票每股市价与每股盈利的比率。

市净率 简称 PB，是每股股价与每股净资产的比率。

利率 又称利息率，是指在借贷期内所形成的利息额与所贷资金额的比率。

加息 就是一国的中央银行提高再贴现率，从而使得商业银行对中央银行的借贷成本提高了，进而影响市场利率。

汇率 也称汇价，是国际贸易中最重要的调节杠杆。一国货币兑换另一国货币的比率，是以一种货币表示另一种货币的价格。

换手率 也称周转率，指在一定时间内市场中股票转手买卖的频率，是反映股票流通性强弱的指标之一。

折价率 当封闭式基金在二级市场上的交易价格低于实际净值时，这种情况称为"折价"。

每股收益 是测定股票投资价值的重要指标之一，分析每股价值的一个基础性指标，综合反映公司获利能力的重要指标，它是公司某一时期净收益与股份数的比率。

每股净资产 是指股东权益与股本总额的比率，其计算公式为：每股净资产＝股东权益÷股本总额。

股东权益 又称净资产，是指公司总资产中扣除负债所余下的部分。

每股未分配利润 反映的是公司转增股本的能力，即公司的高送配能力。未分配利润是企业留待以后年度进行分配的结存利润，未分配利润有两个方面的含义：一是留待以后年度分配的利润；二是尚未指定特定用途的利润。

净值 又称账面价值。股票价值的一种。通过公司的财务报表计算而得，是股东权益的会计反映，或者说是股票所对应的公司当年自有资金价值。

股票收益率　指投资于股票所获得的收益总额与原始投资额的比率。

派息率　上市公司当年派息总数 ÷ 同年每股总盈利。

净资产收益率　又称股东权益收益率，是净利润与平均股东权益的百分比，是公司税后利润除以净资产得到的百分比率，该指标反映股东权益的收益水平，用以衡量公司运用自有资本的效率。指标值越高，说明投资带来的收益越高。

资产负债率　是负债总额除以资产总额的百分比，也就是负债总额与资产总额的比例关系。

总资产周转率　是指企业在一定时期主营业务收入净额同平均资产总额的比率。

再投资率　又称内部成长性比率，它表明公司用其盈余所得再投资，以支持本公司成长的能力。

流动比率　是流动资产对流动负债的比率，用来衡量企业流动资产在短期债务到期以前可以变为现金用于偿还负债的能力。计算公式为：流动比率 = 流动资产总额 / 流动负债总额 ×100%。目前，流动比率的公认标准是 2：1 较好。

速动比率　又称酸性测验比率，是指速动资产与流动负债的比率。它是衡量企业流动资产中可以立即变现用于偿还流动负债的能力。

存款准备金率　是指金融机构为保证客户提取存款和资金清算需要而准备的在中央银行的存款，中央银行要求的存款准备金占其存款总额的比例就是存款准备金率。为中央银行货币政策的重要工具，是传统的三大货币政策工具之一。

GDP　又称国内生产总值，是指在一定时期内（一个季度或一年），一个国家或地区的经济中所生产出的全部最终产品和劳务的价值，常被公认为衡量国家经济状况的最佳指标。

GNP 即国民生产总值，是最重要的宏观经济指标，它是指一个国家地区的国民经济在一定时期（一般1年）内以货币表现的全部最终产品（含货物和服务）价值的总和。

CPI 又称消费者物价指数，是反映与居民生活有关的商品及劳务价格统计出来的物价变动指标，通常作为观察通货膨胀水平的重要指标。

PPI 即生产者价格指数，是衡量制造商和农场主向商店出售商品的价格指数。

通货膨胀 是一种货币现象，指货币发行量超过流通中实际所需要的货币量而引起的货币贬值现象。通货膨胀与物价上涨是不同的经济范畴，但两者又有一定的联系，通货膨胀最为直接的结果就是物价上涨，老百姓感觉钱不值钱了。

通货紧缩 与通货膨胀相反，当市场上流通货币减少，人民的货币所得减少，购买力下降，导致物价、工资、利率、粮食、能源等各类价格持续下跌，即为通货紧缩。

市值 就是股票的市场价值。一家上市公司每股股票的价格乘以发行总股数即为这家公司的市值。随着股价涨跌，公司的市值也会发生变化。

流通市值 指在某特定时间内当时可交易的流通股股数乘以当时股价得出的流通股票总价值。在我国，上市公司的股份结构分国有股、法人股、个人股等。目前公众股可以上市流通交易。这部分流通的股份总数乘以股票市场价格，就是流通市值。

总市值 指在某特定时间内总股本数乘以当时股价得出的股票总价值。其中，沪市所有股票的市值就是沪市总市值；深市所有股票的市值就是深市总市值。

股本结构 即股份的组成结构。当前，我国股份公司的股本结构由以下几种或一种构成：国家股、法人股、外资股、职工股、社会公众股。

总股本 包括新股发行前的股份和新发行的股份的数量的总和。

五、股谚解析

宁可错过，不可做错 指投资者在股市中，宁可错过可能的赚钱机会，因为错过了还有下一次机会，但绝对不要做错，因为一旦做错，就会造成实实在在的亏损，得不偿失。这一股谚，尤其在熊市中最为有效，新股民要特别引起注意。

买是徒弟，卖是师傅 很多投资者，第一步做得很好，买对了股，建仓后股价也上涨了，但可惜的是，却不会把握卖点，结果辛苦一趟下来，不但没有赚钱，甚至还出现亏损。所以，此话的意思是，投资者不但要学会以尽可能低的价格买进，还要学会在适合的时机顺利卖掉股票，锁定利润。

反弹不是底，是底不反弹 此话的含义是，在一轮下跌趋势途中，如果有反弹，千万不要认为这就是底部到了，因为真正的底部应该不会有反弹，而是需要横盘整理一段时间。

涨时看势，跌时看质 意即股市上涨的时候，尽量买涨势强劲的个股，这样能够提高盈利。而当大盘下跌的时候，尽量不要买股，即便忍不住要买，也尽量选择业绩稳定、质地优良的个股。因为业绩好的公司，在大势不好时，相对显得抗跌一些。

高位利好，撒腿就跑。低位利空，大胆冲锋 也就是说，当股价经过连续攀升，风险也开始聚集。如果在高位出现利好，有可能是主力借利好出货，所以投资者见此情形，先果断卖掉股票再说。相反，当股价经过连续下跌之后，建仓机会日渐来临。如果此时再出利空消息，极有可能是主力为了打压建仓，为日后拉升做前期准备，所以，投资者此时可以大胆冲进场内。

犹豫不决，慢慢出血　表示当大盘趋势向下，手里的个股也跟随下跌时，投资者始终舍不得割肉止损，只能眼看着股价一步一个台阶向下滑落。而一路阴跌的结果，自然是账户里面的损失越来越大。

牛市捏股票，熊市捏钞票　此话很好理解，就是告诫投资者，当牛市来临时，尽量持有股票，不要轻易卖出，以享受利润奔腾的快感。而当熊市来临时，尽量持有现金，不要轻易买进股票，以免遭受不必要的损失。

多头不死，跌势不止　就是说在一轮下跌市况中，随着市场不断下跌，不断有投资者认为即将到底而杀进场内，但很快强大的空方力量再次把大盘打压下去，此前买进的多头被套牢。于是，市场形成一种惯性，即当看涨的投资者每次买进后，市场马上继续恢复下跌。如此反复多次，敢于买进股票的人越来越少，多头基本被无情绞杀。然而，当市场真正见底回升，甚至反转向上时，却再也没有几个人愿意冒险入场。所以，此话的真正含义是，只要多头不死，大盘就会一直下跌。而多头被消灭殆尽时，跌势也就止住了。与"多头不死，跌势不止"相对应，市场也有"空头不死，涨势不止"一说。

炒股要炒强，赚钱找头羊　意思是说，为了安全起见，投资者进行股票交易时，要尽量寻找强势股，回避弱势股。要想赚钱更多，则一定选择找有主力关照的领头羊（即龙头股）。

熊市不言底，牛市不言顶　简言之，如果是熊市，投资者以为市场随时见底了，可市场却继续下跌，好像底部深不可测。而在牛市，投资者以为市场随时要涨到头了，但事实上，大盘却一路上涨，像没有顶部一样。不过，大家要注意，所谓底部与顶部，其实是个相对概念。

横有多长，竖有多高　此话的意思是说，无论大盘还是股价，在底部横盘整理的时间有多长，将来反转上涨的幅度就有多大。

当别人恐惧时我贪婪，当别人贪婪时我恐惧　语出巴菲特，意思是说，当大盘持续下跌，底部即将来临，而大部分投资者选择恐慌卖股时，自己要敢于逆势入场买股。相反，当大盘疯狂暴涨，即将见顶，而大部分投资者依然大肆买股时，自己则要保持清醒，克制住贪欲，率先一步卖出股票。

看大势，赚大钱　所谓看大势，就是投资者一旦进入股市，就必须学会研判国家的宏观经济发展形势、政府的政策导向、大盘的总体趋势，而不要把时间和精力花在大盘或个股几天的涨跌上。只有这样，才能赚钱，甚至是赚大钱。

顶部一日，底部一年　意即就算是再强势的股票，其股价保持一路上涨态势的时间也不会太长，说不定在顶部停留一个交易日就会马上回落下跌。而一旦下跌趋势形成，构筑底部的时间会比上涨寻顶的时间要长得多，短的可能需要 3 个月，长的可能要一年甚至更长时间才会真正走出底部。

顺势者昌，逆势者亡　此话的意思是，只有懂得顺势而为的投资者才有可能获得最终胜利，那些逆势操作的人则会陷入屡战屡败的境地。

人弃我取，人取我与　此话来自《史记·货殖列传》，意指当别人感到害怕的时候，自己要敢于提前发现战机，而当别人开始疯狂的时候，要舍得放弃眼前的短期利益。也可以指，某只冷门股，大部分人都不关心，自己要善于挖掘其中隐藏的机会而提前买入。至于那种人人都在疯抢的股票，要尽量快点卖出，留住利润。所以，很多时候反向操作极为重要。

操作频繁，一定输完　意思是说，在进行股票交易过程中，不要见涨就追，见跌就杀。因为，过于频繁地操作，除了白交很多手续费，还会让自己的心神不宁，失误不断增加。所以，保持良好心态，谋定而后动才是智者的取胜之道。

买时谨慎，卖时果断　此话说的是当投资者决定买股时，一定要谨慎一些，尽量判断准确再出手。而在卖股时，则要果断干净，不要老是犹豫反复，以免贻误最佳出货时机。